LES
GANDINS

PAR

LE VICOMTE PONSON DU TERRAIL

auteur de

La Jeunesse du Roi Henri, le Diamant du Commandeur, les Drames de Paris, les Exploits de Rocambole, le Club des Valets de Cœur, La Revanche de Baccarat, la Dame au Gant noir, les Compagnons de l'Épée ou les Spadassins de l'Opéra, la Belle Provençale, la Cape et l'Épée, la Contessina, les Cavaliers de la Nuit, Bavolet, Diane de Lancy, la Tour des Gerfauts.

VI

PARIS
L. DE POTTER, LIBRAIRE-EDITEUR
RUE FONTAINE MOLIÈRE, 27

LES GANDINS

LES

MARIONNETTES DU DIABLE

PAR

XAVIER DE MONTÉPIN.

Annoncer un nouveau roman de l'auteur des *Viveurs de Paris*, des *Viveurs de Province*, et de la *Maison Rose*, c'est annoncer un nouveau succès. — L'immense popularité du jeune et brillant écrivain grandit chaque jour et son nom prend place désormais à côté de ceux de Balzac, de Soulié, de Sand et de Dumas.

Les *Marionnettes du Diable*, nous le croyons fermement, dépasseront la vogue méritée de tous les autres livres du même auteur. — Jamais en effet l'imagination puissante et dramatique qui a créé tant de types étranges et de situations émouvantes, n'a plus solidement tissu la trame vigoureuse d'un roman saisissant, passionné, bizarre, où des aventures d'une incroyable originalité se succèdent et s'enchaînent de façon à tenir le lecteur haletant de curiosité et d'émotion depuis la première page jusqu'à la dernière. — L'intérêt, poussé jusqu'à ses plus extrêmes limites, ne languit pas un instant, et, par un heureux mélange, le rire se mêle aux larmes et la gaîté à la terreur.

Malgré son titre, le roman les *Marionnettes du Diable*, n'est pas fantastique. — Le prologue seul se passe dans le royaume de Satan. — Les marionnettes sont des hommes, et les ficelles à l'aide desquelles le Diable les fait mouvoir à sa guise, on le devine, ce sont les passions. — Avec une telle donnée le romancier devait faire un chef-d'œuvre. — Les lecteurs jugeront bien qu'il n'a point failli à cette tâche.

LES ÉMIGRANTS

PAR

ELIE BERTHET.

Parmi les romanciers les plus estimés de notre époque, M. Elie Berthet a su conquérir une place à part. Ses ouvrages, pleins de naturel, de vérité, de bon sens, paraissent être plutôt des histoires que des romans. Il ne donne pas dans le travers de certains autres écrivains en vogue, qui, à force de complications, d'événements bizarres et impossibles, arrivent à produire des œuvres aussi obscures, aussi peu intelligibles que déraisonnables. Sa manière est celle du grand romancier anglais Walter Scott, auquel on l'a comparé plusieurs fois ; et, comme Walter Scott, tous ses ouvrages sont frappés au coin d'une moralité rigoureuse. Sans écarter les passions violentes, les fautes, les crimes qui existent dans la société humaine, et qui sont un des éléments de l'intérêt dramatique, il ne manque jamais de les blâmer et de les flétrir. Aussi l'appelle-t-on le *romancier des familles*, et, en effet, tout le monde peut lire ses ouvrages, sans crainte de se souiller l'imagination, d'altérer son sens moral ou de s'endurcir le cœur.

Ces qualités de M. Elie Berthet sont surtout apparentes dans le beau roman les *Émigrants*, que nous publions aujourd'hui. L'histoire est si simple, si vraie, si touchante, qu'elle semble réelle, et l'on croirait que le romancier a reçu les confidences de quelques-unes de ces pauvres familles qui abandonnent leur sol natal pour aller chercher au loin une vie plus douce et plus prospère. Les causes ordinaires de l'émigration, les fatigues et les dangers auxquels s'exposent les émigrants, leurs illusions naïves, leurs mécomptes, et souvent les catastrophes auxquelles ils succombent, sont exposés avec une grande puissance et avec le plus vif intérêt. Aussi ne doutons-nous pas que le nouvel ouvrage de l'auteur des *Catacombes de Paris*, des *Chauffeurs*, du *Garde-Chasse* et de tant d'autres romans qui ont mérité la faveur du public, n'obtienne en librairie un immense succès.

CHAPITRE PREMIER.

I

M. Chaumont comprit, à l'accent de M. de Mas, que ce dernier n'était pas homme à accepter, à aucun prix, la transaction qu'il lui proposait.

— C'est bien, dit-il, n'en parlons plus, monsieur; mais si un malheur vous arrivait... je vous vengerais.

— Ah ça, monsieur, interrompit M. de Mas, permettez-moi de m'étonner de ce brusque revirement de votre cœur et de votre esprit.

M. Chaumont raconta la scène qui avait eu lieu entre le comte et lui; puis, quand il eut terminé son récit, il se leva et dit à M. de Mas :

— Il est temps que vous preniez quelque repos; adieu, monsieur. Je serai ici demain à six heures précises.

M. Chaumont parti, M. de Mas se mit au lit et ne tarda point à s'endormir d'un sommeil calme et profond, comme si le lendemain il eût dû se lever pour entreprendre un voyage d'agrément.

Ainsi qu'il l'avait annoncé la veille, à six heures précises, M. Gustave Chaumont arriva chez M. de Mas.

Il était venu dans son dog-cars, avec

son groom pour unique compagnon de voyage.

Le dog-cars était attelé de ces mêmes chevaux, maintenant parfaitement soumis, que M. Chaumont dressait un matin dans les Champs-Élysées, lorsqu'il rencontra le comte de Morangis qui revenait de la rue de Varennes, observer les rideaux de la baronne Pauline de Nesles.

— Vous vous battez à l'épée, dit M. Chaumont à M. de Mas, et j'ai pris ma *voiture à chiens* pour qu'il nous soit facile de cacher les armes dans le coffre, Aujourd'hui, il devient de plus en plus difficile de se battre. La police est aux aguets, et le bois n'a plus que deux ou trois fourrés où on vous laisse tranquille quelques minutes.

— Mais, dit M. de Mas, qui achevait une toilette minutieuse, je me bats à l'épée et au pistolet.

— Hein ?

— Si nous ne nous tuons point au pistolet, nous finirons par l'épée.

Le valet de chambre descendit les armes et les plaça, avec l'aide du groom, dans la voiture, qu'on avait fait entrer dans la cour de la maison, par excès de prudence.

Quelques minutes après, les deux jeunes gens étaient prêts et partaient. Tous deux étaient en costume du matin, redingote boutonnée, pantalon de couleur, cravate noire.

A les voir monter l'avenue des Champs Élysées à cette heure matinale, au grand trot de leurs deux irlandais, on eût juré que M. Chaumont se livrait à son goût favori, le dressage des chevaux.

Ce fut l'impression des employés de l'octroi quand ils franchirent la barrière, et, dans l'avenue de l'Impératrice, ils rencontrèrent un gardien à cheval qui les salua comme des gens qu'on a coutume de voir tous les jours.

Quelques minutes avant sept heures,

M. de Mas et son témoin arrivaient les premiers au rendez-vous.

Mais, presque aussitôt, ils entendaient retentir le bruit d'une voiture et voyaient arriver un coupé bas qui, après être venu bon train, s'arrêta auprès du dog-cars, que le groom avait rangé à l'extrémité de l'ancienne avenue de la porte Maillot.

M. de Mas et M. Chaumont se promenaient en fumant dans une petite clairière que le comte de Morangis avait indiquée la veille.

Deux hommes sortirent du coupé et vinrent à eux.

C'étaient le comte et le docteur rouge. Selon l'usage, sir George Trenck et M. de Mas se saluèrent, puis s'écartèrent l'un de l'autre.

En même temps le docteur rouge et M. Chaumont s'abordèrent.

Le docteur avait aux lèvres son sourire satanique.

— Eh bien! mon cher monsieur, dit-il à mi-voix à M. Chaumont, vous êtes donc passé à l'ennemi?

— Complétement, docteur.

— Quelle singulière idée!

M. Chaumont eut un geste de dédain.

— Cet homme, dit-il en parlant du comte, m'inspire aujourd'hui une aversion insurmontable.

— Et M. de Mas une sympathie profonde, n'est-ce pas.

— Vous l'avez dit.

— C'est fâcheux, murmura le docteur.

— Pourquoi ?

— Mais parce que cette sympathie sera de courte durée.

— Détrompez-vous...

— Non, de par Dieu !... je veux dire que vous n'aurez pas le temps de la prodiguer à M. de Mas.

— Plaît-il ?

— Et que tout à l'heure...

Le docteur souriait toujours.

— Fi! monsieur, dit M. Chaumont on ne chante point victoire avant le combat.

Pour toute réponse, le docteur regarda M. Chaumont, et le jeune homme tressaillit sous le poids de ce regard.

Il eut comme un funèbre pressentiment.

— Mais, dit le docteur, qui vivra verra! Et comme nous ne sommes point ici pour pronostiquer l'avenir...

— Occupons-nous du présent, ajouta

M. Chaumont, et réglons les conditions de la rencontre.

Le docteur s'inclina.

Les conditions furent arrêtées fort simplement.

Il avait été convenu la veille, entre M. de Morangis et M. de Mas, qu'ils se battraient à mort.

Donc, le docteur et M. Chaumont décidèrent que les deux adversaires échangeraient deux balles à vingt pas de distance d'abord; puis, que si aucun résultat sérieux n'était obtenu, ils se battraient à l'épée; et qu'enfin, s'ils ne parvenaient, avec cette dernière arme, qu'à se blesser légèrement, on échangerait deux nouvelles balles.

Les choses ainsi réglées, on chargea les pistolets.

— Tenez, dit le docteur en coulant les balles, je ne donnerai pas mille écus de la peau de M. de Mas.

M. Chaumont ne répondit rien, — mais il tressaillit profondément.

Les pistolets chargés, les deux adversaires furent placés à vingt pas, et M. Chaumont frappa régulièrement les trois coups.

Deux balles sifflèrent.

Instinctivement M. de Mas et le comte baissèrent la tête; puis la relevèrent en souriant.

Les balles étaient perdues.

— Tenez, et visez mieux, dit M. Chaumont à M. de Mas en lui tendant un second pistolet.

— Je tâcherai, répondit M. de Mas, mais le regard de cet homme me fatigue.

Et il montrait le docteur rouge, qui, en effet, laissait peser sur lui cet étrange et funeste regard qui avait causé la mort du baron de Nesles.

Une seconde fois M. Chaumont tressaillit; mais il se tut et alla reprendre sa place derrière un tronc d'arbre. A son tour, le docteur donna le signal.

M. de Mas passait, à Paris, pour un

excellent tireur. Il ajusta le comte à la tête et fit feu avec la conviction qu'il allait le frapper entre les deux yeux.

M. de Mas se trompa. Sa balle fut trop haute d'un pouce et perça le chapeau de M. de Morangis, en lui effleurant le cuir chevelu.

En même temps le comte fit feu, et le pistolet fumant échappa à M. de Mas et tomba sur le sol.

M. de Morangis lui avait cassé le bras à la naissance de l'épaule.

— Pardieu! monsieur, s'écria-t-il, je suis un vrai maladroit, en vérité!

— Pourquoi, monsieur, demanda M. de Mas, souriant malgré l'horrible douleur qu'il éprouvait.

— Mais dit le comte, parce que je voulais vous tuer aujourd'hui, et qu'à présent, il me faudra attendre que vous soyez rétabli...

— Rassurez-vous, monsieur, répondit M. de Mas; je tire de la main gauche, et nous pouvons nous battre à l'épée.

M. Chaumont alla prendre les épées ; il les mesura avec celles du comte, puis elles furent tirées au sort.

Le sort fut pour le comte ; il devait se battre avec ses épées.

— Je n'ai pas de chance, dit M. de Mas, toujours calme et souriant.

Puis, son bras cassé pendant au long de son corps, il se mit en garde de la main gauche.

— Allez, messieurs, dit le docteur.

Les deux adversaires s'attaquèrent avec l'impétuosité de la haine.

— Il faut pourtant que je le tue, murmurait M. de Mas !... Il faut que je sauve Blanche.

Et cette pensée le troublait à ce point, qu'elle nuisait à son jeu et lui faisait peu à peu perdre son calme habituel.

Deux fois, cependant, la chemise du comte se jaspa de quelques gouttes de sang; mais c'étaient des égratignures.

Tout à coup, le docteur rouge, qui se

trouvait à trois pas de distance, fit un mouvement; M. de Mas sentit le poids de son étrange regard et se découvrit...

Le comte se fendit et son épée disparut tout entière dans la poitrine de son adversaire... qui tomba.

M. Gustave Chaumont jeta un cri et se précipita sur M. de Mas.

La sinistre prophétie du docteur rouge s'était réalisée.

Celui-ci se pencha à son tour, déchira

la chemise de M. de Mas, sonda la blessure et dit :

— Elle n'est pas mortelle, et dans trois mois il sera sur pied.

M. Chaumont laissa échapper un second cri, mais c'était un cri de joie.

En ce moment le comte s'avança vers lui et le toisa dédaigneusement.

— C'est donc ton ami? dit-il.

— Oui, répondit M. Chaumont, et je vais le venger!

Il sauta sur l'épée que M. de Mas ne pouvait plus tenir.

— A nous deux! monsieur le comte, dit-il.

— Demain, pas aujourd'hui, répondit celui-ci en haussant les épaules. Nous n'avons plus qu'un témoin, et je ne veux pas..... qu'on me prenne pour un assassin.

Mais comme le comte parlait ainsi, on entendit le pas de plusieurs chevaux dans une allée voisine, et M. Gustave Chaumont s'écria :

— Ah! vous voulez des témoins! Eh bien on va vous en trouver.

Il se précipita vers cette allée transversale, réservée aux cavaliers, qui passait tout auprès de la clairière où le premier combat venait d'avoir lieu.

Deux hommes à cheval longeaient cette allée.

C'étaient deux jeunes officiers de dragons. M. Gustave Chaumont les connaissait de vue: il les rencontrait presque chaque matin au bois.

— Messieurs, leur dit-il en les abordant, permettez-moi de vous demander un service que jamais un militaire n'a refusé.

— Parlez, monsieur.

— Je viens de servir de témoin à un de mes amis. Il est grièvement blessé.

— Avez-vous besoin que nous vous aidions à le transporter quelque part ?

— Non, j'ai besoin que l'un de vous m'assiste, à mon tour.

— Vous voulez vous battre ?

— Je veux venger mon malheureux ami.

M. Chaumont était en proie à une grande surexcitation.

Les deux officiers mirent pied à terre et le suivirent.

Le docteur, aidé du cocher et du groom, avait transporté M. de Mas dans le coupé au fond duquel il l'avait couché, après avoir posé sur la blessure un premier appareil.

— Allons, monsieur, s'écria M. Chaumont, en garde !

— Ah ! pardon, répondit froidement le comte, j'ai le choix des armes...

— Soit.

— Et je prends le pistolet.

Il paraissait y avoir une telle haine entre ces deux hommes, que les officiers jugèrent inutile de demander des explications.

L'un d'eux accepta le rôle de témoin de M. Chaumont, et s'aboucha avec le docteur.

Les pistolets furent chargés de nouveau; mais, cette fois les conditions étaient différentes.

Au lieu de se placer à vingt pas, les deux adversaires devaient marcher l'un sur l'autre et faire feu à volonté.

— C'est étrange! murmura M. Chaumont en prenant sa place de combat et attendant le signal; voici que le docteur me regarde comme il regardait M. de Nesles, comme il a regardé M. de Mas... Est-ce que je vais être tué?

Les trois coups retentirent.

M. Chaumont fit trois pas et tira.

Le comte avait fait trois pas aussi, mais il ne tira pas et ne tomba point.

M. Chaumont fit trois pas encore et tira un deuxième coup de pistolet.

Une fois encore la balle se perdit.

Alors il s'arrêta et croisa les bras.

Le comte, lui, continua à marcher,

son pistolet à la hauteur du front de son adversaire.

. . . .
.

CHAPITRE DEUXIÈME.

II

Le comte marchait toujours...

M. Gustave Chaumont s'était arrêté, et, les bras croisés, il attendait.

Quand il ne fut plus qu'à cinq pas, M. de Morangis s'arrêta.

— Gustave ? dit-il.

M. Chaumont ne sourcilla point.

— Que voulez-vous ? demanda-t-il.

— Jure-moi que tu n'es point allé hier soir chez Nana ?

— J'y suis allé, répondit M. Chaumont avec calme.

— Et... tu lui as dit ?...

— Nana sait tout !

Le comte fit un pas encore.

— Ah ! elle sait tout ? dit-il.

— Tout.

— Tu me le jures ?

— Sur l'honneur !...

— Eh bien ! tu viens de prononcer ta condamnation, car, acheva le comte, si Nana sait tout, je n'ai pas besoin de toi.

Et il fit un dernier pas, ajusta son adversaire et fit feu.

M. Chaumont, atteint au front entre les deux yeux, tomba roide mort.

Alors le comte se tourna froidement vers les témoins.

— Messieurs, dit-il, j'ai usé rigoureusement de mon droit. Qu'en pensez-vous ?

Le jeune officier de dragons s'approcha de M. Chaumont et s'assura qu'il avait cessé de vivre.

— Je pense, monsieur, dit-il en regardant le comte avec dédain, qu'il y a des heures où le duel devrait changer de nom et s'appeler assassinat.

— Monsieur ! ! !

— Oh ! fit l'officier avec calme, je

maintiens le mot; et je suis lieutenant au 7ᵉ dragons. Si vous le trouvez trop dur, vous me le ferez savoir ; je suis de service, et je loge à la caserne du quai d'Orsay.

Ayant ainsi parlé l'officier salua et s'éloigna.

Le docteur rouge s'était à son tour penché sur le cadavre.

— Mon bon ami, dit-il au comte, vous avez un fort beau sang-froid.

— Ah ! vous trouvez ?

— Pardieu ! vous aviez un seul ami, un vrai...

— Vous croyez? docteur.

— Certes, vous l'avez tué sans sourciller...

Le comte haussa les épaules.

— Que voulez-vous? dit-il, ce n'est point ma faute... l'émotion m'est inconnue et mon cœur ne bat jamais.

— Parbleu, répondit le docteur en ricanant, ce qui n'existe pas ne saurait se manifester.

— Que voulez-vous dire ?

— Comment voulez-vous que votre cœur batte ? vous n'en avez pas.

— Merci !

— Je le sais bien, moi qui suis votre père...

— Oh ! taisez-vous, docteur, vous m'êtes désagréable.

— Soit, et allons-nous en. Il faut transporter le blessé chez lui et faire enlever ce cadavre...

— C'est juste.

Le docteur poursuivit :

— Il y avait tout à l'heure ici quatre hommes jeunes et bien portants. Il n'en reste que deux, et vous venez de vous livrer, mon cher ami, à une vraie boucherie.

Le docteur se dirigea vers le coupé où M. de Mas était étendu sur des coussins et entouré du cocher et du groom consternés.

Le blessé respirait bruyamment et il ne pouvait parler. Mais il n'avait point perdu connaissance et il venait d'entendre les trois coups de pistolet, dont le dernier avait tué M. Chaumont.

— Monte sur ton siége, dit-il au cocher, et fouette!

— Où allons-nous?

— Au pavillon d'Armenonville.

Puis, s'adressant à M. de Morangis.

— Montez à côté du cocher, comte; c'est plus convenable.

M. de Morangis grimpa sur le siége, et le docteur dit au groom :

— Vous ferez bien, mon ami, de rester auprès du corps de votre maître. Je vais vous envoyer du monde pour le faire enlever.

Le docteur monta dans le coupé et plaça sur ses genoux la tête de M. de Mas, qui roulait des yeux hagards autour de lui.

Le coupé partit et arriva, au bout de quelques minutes, au pavillon d'Armenonville.

Là, le docteur demanda une chambre pour le blessé et l'y fit transporter.

En même temps, M. de Morangis disait au chef de l'établissement :

— Nous venons de nous battre, et il y a un cadavre à enlever. Il faut prévenir les gardiens du bois.

On transporta M. de Mas sur un lit, et là, le docteur, reprenant ses fonctions chirurgicales, se mit en devoir de laver et de panser la blessure avec son habileté consommée.

M. de Mas était d'une faiblesse extrême et ne pouvait parler.

— Monsieur, lui dit le docteur, ne vous alarmez point : votre blessure n'est pas mortelle.

M. de Mas remua la tête en signe qu'il avait compris.

— Dans huit jours, on pourra vous transporter chez vous... dans un mois, vous pourrez vous lever... dans trois, vous serez guéri.

M. de Morangis avait eu la convenance de ne point entrer dans la chambre du blessé.

Le docteur, après avoir prescrit une potion pour prévenir la fièvre, recommandé le blessé aux propriétaires du pavillon et désigné un médecin célèbre qui, sans doute, se hâterait d'accourir si on le prévenait,— le docteur, disons-nous, rejoignit M. de Morangis.

Le comte était demeuré en dehors du pavillon; il avait allumé un cigare et se promenait fort tranquillement, les pouces dans les entournures ds son gilet.

— A présent, lui dit le docteur, je suis à vos ordres, comte.

— Partons !

— Où allons-nous ?

— A Paris.

— Rue Blanche ?

— Non, moi je vais chez ma femme, dit le comte en riant.

— Ah ! vraiment ?

Et le docteur rouge regarda M. de Morangis.

— Mon cher ami, lui dit-il enfin, vous êtes ma création, mon œuvre, et je dois convenir que j'en suis fier.

— Vous êtes trop bon, docteur.

— Non, vrai, vous avez dépassé toutes mes espérances.

— Ah !

— Et convenez que je suis sorcier.

— Comment ?

— Vous allez voir. Hier, en retrouvant M. Gustave Chaumont, je l'ai questionné, « Etes-vous son ami? lui ai-je demandé. — Oh! certes, oui, » m'a-t-il répondu. Et, en effet, j'ai compris que c'était le seul homme qui vous fût réellement dévoué.

— C'est bien possible, docteur.

— Alors, je me suis dit : Le comte n'a qu'un ami, mais il le tuera sans pitié, à la première occasion. Ai-je deviné, hein?

Le comte haussa les épaules.

— Docteur, dit-il, vous êtes insupportable. Fumez un cigare et laissez-moi tranquille.

M. de Morangis tira son étui de sa poche et le tendit au docteur. Puis il dit au cocher :

— Aux Champs-Elysées, hôtel Morangis.

Le coupé partit au grand trot.

M. de Morangis garda le silence pendant quelques minutes, et la voiture atteignit l'Arc-de-Triomphe sans qu'il eût ouvert la bouche.

Enveloppé dans la fumée grise de son cigare, il avait le calme d'un homme qui revient du bal.

Cependant, comme le coupé approchait de l'hôtel Morangis :

— Docteur, dit-il, vous êtes sûr que la blessure de M. de Mas n'est point mortelle ?

— Certainement, comte.

—Et il sera rétabli dans trois mois, dites-vous?

— J'en suis certain.

— C'est un peu long... mais j'attendrai.

—Ah! fit le docteur... et vous recommencerez dans trois mois?

— Ce n'est pas cela...

— Expliquez-vous donc!...

— Je le traduirai en justice à côté de ma femme, dit le comte en riant. Au revoir, docteur.

Le coupé venait de s'arrêter à la grille de l'hôtel Morangis.

Sir George Trenck ouvrit la portière et sauta sur le trottoir.

— Où vous reverrai-je ?

— Rue Blanche, dans une heure. J'irai vous prendre pour déjeûner.

— Au revoir, comte.

Le coupé s'éloigna, et M. de Morangis entra dans son hôtel, où personne à présent ne le reconnaissait.

Le vieux serviteur, cette manière d'intendant que le docteur rouge et M. Chaumont avaient trouvé pleurant, la veille, était dans le vestibule.

Il reconnut M. de Morangis, non point pour son jeune maître, mais pour cet Anglo-Indien qui, la veille, avait assisté à l'enterrement.

M. de Morangis trouva plaisant de reprendre son accent britannique et ce baragouin auquel Nana s'était si bien trompée.

— Madame la comtesse de Morangis

est-elle visible? demanda-t-il au vieux domestique.

— Laquelle?

— La jeune, dit le comte : je sais bien que l'autre n'est pas à Paris.

Le vieillard soupira.

— Ah! dit-il, si elle avait été ici... peut-être que tout cela ne serait point arrivé...

— Répondez-moi donc, fit sir George Trenck avec impatience : madame la comtesse est-elle visible?

— Elle est sortie, monsieur.

— Sortie ?

— Oui, depuis une heure; mais elle va rentrer, sans doute : elle n'est point habillée...

— Ah! je l'attendrai, en ce cas.

Et le comte se dirigea vers le salon du rez-de-chaussée où le cercueil avait été exposé la veille.

Puis il s'assit fort tranquillement devant le feu et congédia le domestique, en murmurant :

—Voilà qui est assez bizarre d'être en visite chez soi...

. . . .

En effet, la jeune comtesse de Morangis était sortie.

Blanche de Pierrefeu, la veille au soir, avait eu le courage de voir M. de Mas s'éloigner.

Pourtant, elle savait qu'il allait se battre pour elle; mais la jeune personne était de celles qui pensent que trembler pour la vie de l'homme qui les aime, en leur présence, est leur faire une véritable injure.

— Allez! lui avait-elle dit, Dieu est juste, il sera pour vous.

Mais lorsque le bruit de la voiture qui emportait M. de Mas s'était éteint dans l'éloignement, Blanche avait été prise alors d'une angoisse indicible.

— Mon Dieu! mon Dieu! s'était-elle dit, s'il allait être tué !...

Elle s'était mise à genoux et avait passé la nuit en prières, demandant au

Dieu de miséricorde, qui est aussi le Dieu des batailles, de protéger l'homme qui avait pris sa défense et avait sauvé son honneur.

Les premiers rayons de l'aube avaient surpris Blanche de Pierrefeu priant toujours.

Elle avait alors jeté les yeux sur la pendule, qui marquait sept heures.

— Mon Dieu! avait-elle murmuré alors, voici le moment terrible...

M. de Mas lui avait dit, en effet, la

veille, qu'il se battrait à sept heures du matin.

Blanche savait que ces sortes de rendez-vous sont ponctuels.

Donc, entendant sonner sept heures, elle crut entendre le froissement des épées qui se croisaient, et elle pria avec plus de ferveur encore...

Elle avait fait promettre à M. de Mas que, le combat fini, il viendrait en hâte la voir.

L'hôtel de Morangis était dans les

Champs-Elysées, par conséquent à vingt minutes du bois...

Cependant une heure s'écoula. M. de Mas ne parut point.

Alors la jeune femme, saisie d'épouvante, se dit que peut-être on l'avait transporté chez lui mort ou mourant, et elle demanda sa voiture.

— Rue Saint-Dominique, dit-elle au cocher.

Blanche aperçut, en débouchant dans la rue Saint-Dominique, le domestique de M. de Mas, qu'elle connaissait pour l'avoir vu venir chez elle porteur d'un message de son maître.

Le valet était debout, sous la porte cochère.

Blanche respira.

— Où est votre maître? dit-elle.

— Madame, répondit le cocher, il est parti à six heures du matin et il n'est point rentré encore...

La comtesse eut un frisson d'espérance.

— Qui sait, pensa-t-elle, si, pendant que je venais ici, il n'est point venu chez moi. Cocher, à l'hôtel !

Et Blanche repartit, et, en moins d'un quart d'heure, elle eut atteint l'hôtel Morangis.

Un domestique assez niais arpentait la cour au moment où le coupé y entra.

— Est-il venu quelqu'un en mon absence? lui demanda la comtesse.

— Oui, madame, le monsieur d'hier.

Blanche étouffa un cri de joie et crut qu'il était question de M. de Mas.

— Il est au salon, ajouta le valet.

Blanche se précipita, ouvrit la porte du salon et s'arrêta tout à coup, muette, pétrifiée, saisie d'horreur!...

Sir George Trenck était assis au coin de la cheminée et la regardait en souriant...

CHAPITRE TROISIÈME.

III

Blanche de Pierrefeu s'était arrêtée stupéfaite et comme saisie d'horreur sur le senil du salon.

Le comte la regardait en souriant, et il fit un pas vers elle.

Blanche essaya de reculer à mesure qu'il avançait, mais ses jambes refusèrent de la servir.

Elle était comme paralysée.

— Chère madame, dit le comte, permettez-moi tout d'abord de vous rassurer : votre ami, votre cher ami, M. de Mas, n'est point mort.

Blanche jeta un cri, — un seul, — le cri des désespérés pour qui luit tout à coup un rayon d'espérance.

M. de Mas n'était pas mort ! M. de

Mas, l'homme bon et dévoué, le galant homme qui avait pris sous sa protection la pauvre jeune fille qui n'avait ni père ni frère.

Le comte se prit à sourire.

— Allons ! dit-il, je vois que j'ai réparé d'un seul mot le mal horrible que ma présence vous a fait. Convenez-en, madame.

M. de Morangis avait raison.

Blanche, à sa vue, était demeurée convaincue que M. de Mas avait succombé, — et Blanche s'était sentie mourir à son tour.

Mais du moment où elle apprenait que M. de Mas vivait, qu'elle seule, par conséquent, avait à redouter cet homme dont elle portait le nom, la fille des Charvet se redressait hautaine.

Au lieu de reculer, Blanche fit un pas à la rencontre de M. de Morangis.

— Que venez-vous faire ici, monsieur? lui demanda-t-elle avec dédain.

M. de Morangis la regarda froidement.

— Mais, dit-il, je viens vous voir, chère comtesse.

Blanche retroussa sa lèvre supérieure avec une expression de hauteur suprême.

— Je croyais, dit-elle, que nous ne devions pas nous revoir.

— Bah!

— Qu'y a-t-il donc de commun entre

la comtesse de Morangis et sir George Trenck?

— Rien, en effet.

— Vous en convenez?

— Mais entre le comte et la comtesse de Morangis.

— Le comte est mort... répliqua froidement Blanche de Pierrefeu. Vous le savez mieux que personne, vous, monsieur, qui teniez un des cordons du poêle à ses funérailles.

— Et vous, madame, dit le comte,

vous savez bien que si George Trenck dépouillait sa peau jaune, le comte ressusciterait.

En parlant ainsi, sir George Trenck alla se rasseoir au coin de la cheminée et poursuivit en ricanant :

— Convenez, chère comtesse, que la situation est bizarre.

— Vraiment ?

— Nous sommes seuls, n'est-ce pas ?

— Tout à fait.

Blanche ferma la porte du salon et vint s'asseoir en face du comte.

Celui-ci continua :

— Donc, nous pouvons causer.

— Allez, je vous écoute, fit Blanche toujours dédaigneuse.

— Donc, vous me permettrez de reprendre, au moins pour un moment, mon véritable nom...

— Soit.

— Je suis le comte de Morangis, marié forcément et sous l'empire d'une menace de mort à mademoiselle Blanche de Pierrefeu.

— Pardon, fit observer la comtesse, tout s'est passé fort légalement.

— J'en conviens.

— Ensuite ?

— Une fois marié, on m'a fait passer pour mort, on m'a défiguré, on a enterré un cadavre en mon lieu et place... et me voilà mort...

— A tout jamais, comte.

— C'est ce que nous verrons... mais permettez-moi de continuer.

— Faites !...

— Je suis mort, vous portez mon deuil, vous héritez de moi et vous habitez mon hôtel.

— C'est tout simple.

— Je reviens dans ma maison où personne ne me reconnaît, je suis introduit comme un visiteur dans mon propre salon, et... vous me demandez ce que j'y viens faire?

Blanche haussa les épaules.

— Mais, monsieur, dit-elle, vous savez fort bien que cela doit être ainsi, et qu'il n'y a plus rien de commun entre le feu comte de Morangis et sir George Trenck.

— Cependant, puisque me voilà, c'est que j'ai une opinion contraire.

La comtesse eut un sourire dédaigneux.

— Voyons, dit-elle.

— Supposons, ma chère comtesse,

que sir George Trenck parvienne à se débarrasser de sa peau jaune et redevienne le comte de Morangis.

— Soit, supposons-le.

— Que fera-t-il ?

— Je crois le deviner, dit Blanche impassible,... il s'adressera aux tribunaux.

— Bien.

— Et les tribunaux me condamneront peut-être...

— Bien. Mais s'il voulait agir autrement ?...

— Plaît il? fit la comtesse avec hauteur.

— Si cet homme que vous avez aimé... jadis?...

— Assez! monsieur.

— Si cet homme se repentait, et s'il vous jurait...

Le comte s'arrêta pour juger de l'effet de ses paroles.

Blanche était calme et ne sourcilla point.

— Continuez, dit-elle.

— Si je venais à vous, madame, reprit le comte, si je vous disais : « Je suis un grand coupable, mais je me repens et je me conduirai en galant homme, » que me répondriez-vous ?

— Ah! pardon, monsieur, dit Blanche, permettez moi, avant de vous répondre, de vous interroger.

— Je vous écoute, madame.

— D'abord, comment sir George Trenck compte-t-il redevenir M. de Morangis ?

— Vous voulez le savoir?

— Dame! c'est le point essentiel, il me semble.

— Eh bien! je ne vous le cacherai pas plus longtemps. J'ai *un ami*, le docteur rouge, un médecin brésilien,..

— On m'a parlé de lui

— Ah!

— C'est M. de Mas. Il paraît même qu'il vous a déjà rendu votre voix.

— Vous le voyez...

— Et il doit vous guérir?

— Quand je le voudrai... dans les vingt-quatre heures...

— Pourquoi donc ne vous guérit-il pas tout de suite?

— Mais, parce que je tenais à vous voir auparavant.

— Bien.

— Et à vous faire mes propositions.

— Voici un premier point éclairci. Passons au second.

— J'écoute.

— Comment, une fois guéri, le comte

de Morangis ferait-il sa rentrée dans le monde sans un éclat judiciaire?

— C'est difficile, mais non impossible.

— Voyons !

— J'ai voulu me noyer, et je me suis effectivement jeté à l'eau; mais j'ai été repêché par des paysans... On m'a soigné, et j'ai pu revenir à Paris. Là, j'ai appris qu'on avait trouvé un cadavre, que ce cadavre avait été pris pour le mien, qu'on m'avait enterré par procuration... et que...

— Mais, interrompit la comtesse, vous oublié cette terrible maladie qu'on nomme la plique et dont vous étiez atteint?

— Nullement, comtesse.

— Ah!

— J'ai rencontré le docteur rouge, et comme il m'a assuré qu'il pouvait me guérir, je n'ai point hésité à reparaître.

Blanche se mit à rire.

— Mais c'est très-ingénieux tout cela, dit-elle.

— Vous trouvez?

— Comment donc!

M. de Morangis savait donner à sa voix de mystérieuses souplesses et une harmonie caressante.

— Tenez, ma chère comtesse, dit-il, je crois que nous pouvons être heureux encore.

— Vraiment!

— J'ai été jeune, j'ai été fou... j'ai été ingrat... cruel même... mais...

— Ah! pardon, dit la comtesse, vous oubliez une épithète encore.

— Vous croyez?

— J'en suis sûre.

— Alors, aidez-moi...

Blanche attendait sans doute cette question.

— Eh bien! fit elle, je vais vous la dire; mais, auparavant, écoutez ceci.

Elle se redressa hautaine, majestueuse, et tout l'orgueil de sa vieille race éclata alors dans ses yeux.

— Monsieur le comte de Morangis, dit-elle, je me nommais Blanche-Armande Charvet de Pierrefeu, et vous auriez dû vous estimer très-heureux d'obtenir ma main. Si j'avais eu un père, un frère, un homme, enfin, auprès de moi, vous n'eussiez point osé lire mes lettres à votre club...

— Madame!...

— Ecoutez donc! fit-elle avec un dédain suprême.

Malgré lui, le comte baissa les yeux.

— Vous avez été jeune, dites-vous, jeune, fou, ingrat, cruel même!... Vous oubliez un mot, monsieur le comte, vous avez été LACHE!!!

Et Blanche, qui s'était dégantée lentement, jeta son gant au visage du comte comme ses pères, autrefois, avaient pu jeter à la face de leurs adversaires leur lourd gantelet de fer.

M. de Morangis étouffa un cri de rage et pâlit sous sa peau jaune.

— Ah! ah! dit-il avec un ricanement de bête fauve, je le vois, vous êtes aussi forte que moi, comtesse..., et vous ne vous laissez point tromper deux fois.

Blanche, pâle, froide, majestueuse, étendit la main vers la porte.

— En attendant la résurrection du comte de Morangis, dit-elle, sortez!... sortez, ou je vous fais chasser par mes gens!...

Sir George Trenck se leva.

— Oui, madame, dit-il, je sors, mais vous aurez bientôt de mes nouvelles...

— Allez! fit Blanche d'un geste de reine offensée.

Il fit quelques pas vers la porte; mais lorsqu'il fut sur le seuil, il se retourna, et, son sourire de démon aux lèvres :

— Ah! dit-il, j'oubliais... M. de Mas n'est pas mort, comtesse, mais je ne vous engage pas à compter sur sa protection.

Et comme, à ce nom, elle tressaillait :

— Il n'est pas mort, acheva-t-il, mais je lui ai administré ce matin un furieux coup d'épée dont il aura de la peine à se remettre...

Et le comte sortit, riant aux éclats.

. . . .

Blanche sentit ses genoux fléchir, un nuage passer sur ses yeux; elle s'appuya défaillante à la tablette de la cheminée, et, sans doute, elle eût fini par tomber sans connaissance sur le parquet, si une porte ne s'était ouverte au fond du salon...

Sur le seuil de cette porte, Blanche de Pierrefeu vit apparaître une femme vêtue de noir et le visage couvert d'un voile épais.

Cette femme vint droit à elle et lui dit :

— Cet homme vous a dit vrai, madame; M. de Mas est blessé grièvement, mais sa blessure n'est point mortelle.

Blanche porta la main à son cœur et regarda l'inconnue avec angoisse.

Celle-ci releva son voile, et la comtesse de Pierrefeu vit alors la plus belle tête de jeune fille que jamais eût rêvée un peintre amoureux de l'idéal.

— Oui, madame, répéta l'inconnue, M. de Mas ne mourra point...

Blanche était muette, immobile; son œil était hagard, ses lèvres remuaient et ne pouvaient livrer passage à aucun son.

— Il a reçu un coup d'épée en pleine poitrine, poursuivit la jeune fille vêtue de noir, et, certes, on aurait pu croire ses jours en danger; mais les trois médecins, accourus en toute hâte, ont déclaré qu'il vivrait, et ces trois hommes sont des oracles en chirurgie.

Blanche se laissa tomber à genoux, joignit les mains, et deux larmes silencieuses roulèrent lentement sur ses joues.

L'inconnue la releva et la fit asseoir

dans le fauteuil que tout à l'heure occupait sir George Trenck.

Puis elle continua :

— Blottie au fond d'une voiture, j'ai assisté à ce combat terrible : j'ai tout vu, tout entendu.. L'homme qui sort d'ici est un monstre !

Ces derniers mots produisirent une sorte de réaction chez la jeune comtesse.

Elle fit un violent effort pour parler et balbutia enfin :

— Quoi ! vous savez ?...

— Je sais tout, dit l'inconnue... j'étais là... dans votre boudoir... j'ai tout entendu... Je sais que cet homme est le comte de Morangis... Je sais qu'il vient de réduire à l'impuissance l'homme qui pouvait vous protéger et vous défendre...

— Mon Dieu ! mon Dieu ! murmura Blanche, qui redevenait femme, prenez ma vie, mais ne permettez pas la mort du juste.

L'inconnue lui prit la main et lui dit, d'une voix lente et grave, bien qu'emplie d'une harmonie indicible :

— Madame la comtesse, Dieu est bon, et il exauce ceux qui sont purs de tout reproche : M. de Mas ne mourra point, et en attendant qu'il soit de nouveau capable de vous défendre, vous aurez un second protecteur auprès de vous...

Blanche secoua la tête.

— Hélas! dit-elle, je suis une pauvre

femme qui n'a point de père et n'a plus de frère... Qui donc me défendra?

— Moi! dit la jeune fille, dont un fier sourire illumina le beau visage.

— Vous! vous! exclama la comtesse avec égarement, qui donc êtes-vous?

— Je me nomme MISS SARAH, répondit simplement la jeune fille.

# CHAPITRE QUATRIÈME.

IV

Sir George Trenck était sorti de l'hôtel de Morangis en riant aux éclats, au grand scandale des serviteurs, qui étaient tous en grand deuil et pleuraient fort consciencieusement leur jeune maître.

Le vieux domestique auquel il s'était adressé était sur le seuil de la porte cochère.

Le comte reprit son baragouin ordinaire et lui dit.

— Allez me chercher une voiture !

Il y avait précisément de l'autre côté de l'avenue une remise de cabriolets. Le domestique traversa la chaussée et revint deux minutes après avec un de ces véhicules.

Comme il avait le pied sur le marche-pied, M. de Morangis se retourna, et, reprenant tout à coup sa voix naturelle :

— Antoine, dit-il au vieux valet, tu feras bien, je crois, d'aller voir si la comtesse n'a besoin de rien.

Et M. de Morangis partit, laissant le bonhomme stupéfait d'entendre la voix de son défunt maître sortir de la bouche de ce moricaud.

— Où va monsieur? demanda le cocher.

— Rue Blanche, répondit le comte.

Onze heures sonnèrent lorsque sir George Trenck pénétra dans le petit appartement, entre cour et jardin, qu'il occupait en commun avec le docteur Samuel.

L'étrange personnage était rentré et attendait son protégé.

Le docteur était dans son cabinet, occupé à ranger dans son armoire diverses fioles mystérieuses.

— Que faites-vous donc là? lui demanda le comte.

— Vous le voyez, je passe une petite revue générale.

— De quels objets?

— De mes poisons et de mes antidotes indiens, qui ne me quittent jamais lorsque je voyage.

— Tiens, dit le comte en riant, voici

une assez belle occasion pour moi de suivre un petit cours de chimie.

— C'est long... et je commence à avoir envie de déjeûner, mon cher comte.

— Moi aussi ; mais je me contenterai d'une petite nomenclature.

— Ah ! ah !

— Qu'est-ce que cette fiole rouge ?

— C'est un poison qui rend fou.

— Et cette autre, qui renferme une liqueur bleue ?

— C'est un autre poison très-violent et qui tue sans laisser de trace.

— Et cette autre?

— La jaune?

— Oui

— Eh bien ! c'est le précieux antidote que je vous destine.

— Ah! c'est ce qui me rendra ma peau blanche?

— Hé! docteur, observa le comte, savez-vous que la fiole est petite?

— Très-petite.

— Et que vous pourriez bien n'en point avoir assez...

— Bah! dit le docteur, il y a là une dose suffisante à blanchir tout un régiment de nègres.

— Vraiment?

Le comte voulut prendre la fiole.

— Tout beau! n'y touchez pas!... dit le docteur rouge.

— Pourquoi?

— Mais parce que vous pourriez la casser.

— Diable!

— Et si la liqueur qu'elle renferme venait à s'évaporer, vous pourriez, mon cher, demeurer le reste de votre vie sous la peau jaune de sir George Trenck.

— Que dites-vous, docteur.

— Je dis que je ne possède absolument que ce que contient cette fiole et que pour se procurer l'équivalent...

— Eh bien ?

—Eh bien! il faudrait faire le voyage des Indes.

— Oh! oh!

— Je n'ai apporté que cela... Je ne prévoyais pas votre aventure.

— Eh mais! docteur, dit M. de Morangis, ayez-en bien soin, en ce cas.

— Certes!

— Et je crois que la rareté de ce trésor doit nous guider un peu.

— Comment cela?

— Je suis d'avis que vous me blanchissiez le plus tôt possible.

— J'y songe aussi. Cependant...

— Ah! Voyons la restriction.

— N'avez-vous point rendez-vous ce soir avec miss Sarah?

— Oui, certes.

— Eh bien! il faut que miss Sarah vous voie sous votre peau jaune.

— J'espère bien qu'elle m'aimera, ajouta le comte.

— Moi aussi.

— Mais, au moins, ayez bien soin de ma fiole.

Le docteur rouge ferma l'armoire à double tour.

— Tenez, dit-il, prenez-en la clef.

— Ma foi! j'accepte...

Et le comte mit la clef dans sa poche.

— Un moment, dit le docteur, laissez-moi vous faire une recommandation qui a son importance.

— Parlez!...

— Si je mourais subitement, si je

tombais frappé d'une attaque d'apoplexie, il ne faudrait pas vous amuser à essayer de ma fiole.

— Pourquoi?

— Mais parce qu'elle renferme un poison qui ne devient l'antidote de votre mal qu'après avoir subi le mélange de diverses substances.

— Ah !

— Et moi seul sais opérer ce mélange.

—Au lieu de vous blanchir, vous vous tueriez...

Le comte réprima un léger frisson.

— Vous faites bien de me dire cela, fit-il.

— Dame !

— Mais, fort heureusement, vous êtes d'une bonne constitution, et vous ne mourrez pas.

Un sourire ironique vint aux lèvres du docteur.

— Ce pauvre M. Gustave Chaumont

aussi, dit-il, était d'une bonne constitution, et hier, à pareille heure, il ne songeait point à mourir.

— Docteur, vous êtes un mauvais plaisant.

— Mais non, mon cher : qui me dit que nous n'allons pas nous prendre de querelle au premier moment?

— Vous êtes fou!

— Et que... mais bah! fit le docteur, vous ne me tueriez pas, vous?

— Vous croyez?

Et la nature railleuse du comte reprit le dessus.

— C'est moi qui vous tuerais, dit le docteur. Vous le savez bien, j'ai le *mauvais œil*.

Le comte haussa les épaules.

— Aussi bien, croyez-moi, acheva le docteur, allons tranquillement déjeûner.

— Où cela ? au café Anglais ?

— Non, certes.

— Pourquoi?

— Mais parce que vous n'avez aucun sentiment des convenances, mon cher.

— Bah !...

— Le café Anglais est plein des amis de M. Gustave Chaumont. Vous sentez bien qu'à cette heure-ci on y possède tous les détails de la boucherie de ce matin.

— C'est juste, dit le comte.

— Et puis, songez que miss Sarah vous attend ce soir... et que ce n'est pas le moment de vous faire une nouvelle querelle.

Le docteur prit son paletot, son chapeau et sa canne.

— Allons plutôt tout près d'ici, dit-il, rue Taitbout ou rue de la Chaussée-d'Antin.

— Comme vous voudrez, dit le comte qui prit son bras.

Tous deux sortirent à pied, et M. de Morangis raconta au docteur son entrevue avec sa femme et la singulière proposition qu'il avait osé lui faire.

— Ah çà! lui dit le docteur, qu'auriez-vous donc fait si elle avait cru à votre repentir et consenti à votre résurrection?

—Je ne sais pas, mais c'eût été drôle... J'aurais inventé probablement une petite vengeance intime... Et puis, ajouta le comte, vous êtes là...

— Sans doute.

— Et vous êtes homme d'imagination... On aurait vu...

Le docteur rouge se mit à rire, et ils entrèrent déjeûner.

. . . .

Dans sa lettre, la veille, miss Sarah, on s'en souvient, avait donné rendez-vous à sir George Trenck pour le lendemain, dix heures du soir, derrière la Madeleine.

Sir George Trenck, qui avait passé le reste de sa journée en compagnie du docteur rouge, dîné chez Vachette et passé une heure dans une baignoire du théâtre des Variétés, sir George Trenck, disons-nous, sortit de ce théâtre à neuf heures et demie.

Le temps était sec, l'air vif.

— Miss Sarah ayant une voiture, se dit le comte, il est inutile que j'en prenne une. D'ailleurs, sir George Trenck étant moins riche que M. de Morangis, il est bon qu'il fasse quelques petites économies.

Le docteur, qui avait entendu cette réflexion, se prit à rire, serra la main à son protégé, lui souhaita bonne chance et monta dans un remise pour s'en retourner chez lui.

Sir George Trenck, lui, alluma un cigare et suivit à pied la rive gauche du boulevart d'un pas lent, lorgnant les femmes, s'arrêtant devant les magasins et dépensant en conscience la dernière heure qu'il avait devant lui.

Comme dix heures allaient sonner, il

arriva sur la place de la Madeleine, tourna l'église en prenant sur la droite et passant devant la station des omnibus, et il ne s'arrêta que lorsqu'il eut doublé le pieux édifice dans toute sa longueur.

Alors il regarda autour de lui.

La place était déserte et veuve de voitures : cependant il fit quelques pas vers la rue Tronchet, se disant :

— Les Anglaises sont pourtant exactes... c'est singulier...

Comme si ce reproche adressé aux filles d'Albion eût rencontré un écho, sir George Trenck n'avait point encore fini de le formuler lorsqu'un coupé déboucha de la rue Castellane dans la rue Tronchet et se dirigea vers la Madeleine.

A mesure qu'il approchait de l'église, le cocher ralentissait l'allure de son cheval, et, tournant à gauche, il s'arrêta devant le bureau de poste, au-dessus duquel se trouve placé un réverbère.

Le comte, qui se trouvait sur le trottoir, revint sur ses pas et se dirigea lentement vers la rue de Sèze.

Le coupé s'était arrêté, et un homme venait d'en sortir.

— Diable ! murmura sir George Trenck, ce n'est point un homme que j'attends...

Et il allait passer outre, lorsque la personne qui venait de sortir du coupé se planta devant lui et lui dit :

— Pardon, monsieur, pourriez-vous me donner un peu de feu?

— Volontiers, monsieur, répondit le comte.

L'homme qui demandait du feu ressemblait assez à un brigand échappé de l'Opéra-Comique.

Il avait une grande barbe, un grand chapeau qui lui couvrait les yeux et un grand manteau.

Le comte, en lui tendant son cigare allumé, était placé verticalement au-dessous du bec de gaz dont la clarté lui inondait le visage.

— Parbleu! monsieur, dit l'homme à la grande-barbe, vous avez la peau bien jaune.

— Ah! fit le comte... vous trouvez, monsieur...

— Jaune comme de l'ambre... et telle que la peau de certains métis de l'Inde anglaise.

Le comte se prit à sourire.

— Je suis Indou, sans doute, dit-il.

— Non, monsieur.

— Bah ! qu'en savez-vous ?

— Je sais que vous vous nommez sir George Trenck.

— Platt-il ?

—Et que vous avez ici un rendez-vous ce soir...

—Monsieur ! fit le comte avec défiance.

—Un rendez-vous avec une Anglaise, miss Sarah.

— Mais, monsieur, murmura M. de Morangis, qui crut à un guet-apens.

— Oh! rassurez-vous, dit l'homme barbu, c'est miss Sarah qui m'envoie, monsieur.

Et il remit au comte un billet. Il faisait clair sous le réverbère. M. de Morangis rompit le cachet et lut :

« Un empêchement que je vous dirai
» me force à vous attendre au lieu d'al-
» ler moi-même au rendez-vous que je
» vous ai donné. Suivez l'homme qui

» vous remettra ces fignes. Il est sûr...

» SARAH. »

L'homme barbu ouvrit la portière du coupé :

— Montez, monsieur, dit-il au comte, et ne laissez pas éteindre votre cigare : nous avons un bout de chemin à faire...

CHAPITRE CINQUIÈME.

V

Avant d'obéir à l'invitation qui lui était faite de monter dans le coupé, M. de Morangis jeta un coup d'œil rapide sur la voiture et le cheval.

La voiture était évidemment un coupé de maître, bien que les panneaux ne portassent ni armoiries ni chiffre quelconque.

Quant au cheval, c'était un vigoureux normand qui devait faire beaucoup de chemin en peu de temps.

— Montez, dit l'inconnu.

Sir George Trenck ne se fit pas prier plus longtemps, et il se plaça à droite.

L'homme barbu monta après lui et ferma la portière.

Le coupé ne bougea pas, cependant, — bien que, ordinairement, le cocher rende la main aussitôt qu'il entend la portière se fermer.

— Où allons-nous ? demanda le comte.

Le sourire naïf glissa sur les lèvres de son compagnon, lequel lui dit :

— Le billet de miss Sarah doit avoir un *post-scriptum*.

— Hein ? fit le comte.

Il avait déjà mis le billet dans sa poche; il le prit et se pencha à la portière pour jouir de la clarté du bec de gaz.

L'homme barbu avait dit vrai, le billet avait un *post-scriptum*; seulement, il se trouvait au verso et il fallait tourner le feuillet.

Le comte lut ces lignes supplémentaires :

« Vous avez lu sans doute l'*Histoire
» des Treize* de M. de Balzac. Souvenez-
» vous qu'en allant voir la fille aux yeux
» d'or, Henri de Marsay se laissait ban-

» der les yeux. Serez-vous moins brave » que lui : »

M. de Morangis fronça le sourcil, car il se souvint que M. de Mas, lui aussi, lui avait bandé les yeux.

— Oh! oh! dit-il, miss Sarah est femme de précaution.

Et comme il hésitait, l'homme à la longue barbe lui dit :

— Je dois vous prévenir, monsieur, que j'ai ordre de vous remettre sur le trottoir et de m'en aller si vous n'acceptez pas.

— Diable! fit le comte.

Puis il songea que M. de Mas était, à cette heure, couché sur son lit de douleur, en proie à la fièvre et que, d'ailleurs, il ne pouvait rien y avoir de commun entre miss Sarah et lui.

— Je suis fou! pensa-t-il.

Puis il dit à l'inconnu :

— Soit, monsieur, bandez-moi les yeux si cela vous plaît.

L'homme barbu tira alors de sa poche, non point un foulard, non point même un mouchoir vulgaire, mais un objet qui arracha un sourire d'étonnement à M. de Morangis.

C'était le bonnet de laine grise dont, en Angleterre, le bourreau fait usage pour aveugler le condamné qu'il va pendre.

— Comment! fit le comte, c'est avec... cela?

— Genre anglais, monsieur, répondit l'homme barbu.

— Parbleu! pensa M. de Morangis, voilà une excentricité que miss Sarah me paiera quelque jour.

Et il ôta son chapeau et, de bonne grâce, il se laissa coiffer du bonnet.

Alors le coupé partit.

— Monsieur, dit l'homme barbu tout bas, connaissez-vous bien miss Sarah?

— Mais dame! répondit le comte, je

sais que c'est une adorable personne. Pourquoi me faites-vous cette question ?

— Parce que vous devez savoir qu'elle est femme à tenir ses promesses.

— Je l'espère bien.

— Or, miss Sarah m'a ordonné de vous tuer, si vous tentiez d'ôter votre bonnet et d'y voir.

— Oh ! oh !

— Miss Sarah ayant sur moi droit de

vie et de mort, vous pensez bien que je n'hésiterais pas...

En prononçant ces derniers mots, l'homme barbu prit la main du comte et lui fit toucher tour à tour la lame triangulaire et la pointe acérée d'un poignard dont il était muni.

— Peste! murmura le comte, voici qui devient légèrement sérieux.

Un moment, M. de Morangis se repentit à moitié de s'être embarqué dans cette aventure, et il regretta l'absence de son bon ami le docteur; mais ce repentir et ces regrets eurent la durée d'un éclair.

— Allons donc! se dit-il, tout cela est de la mise en scène; miss Sarah veut frapper mon imagination...

D'ailleurs, le comte était brave, on le sait, et il en avait souvent donné de tristes preuves.

— C'est bien, dit-il à son guide mystérieux, je n'ôterai pas mon bonnet; rengaînez... votre *compliment.*

Le coupé roulait bon train.

Pour charmer les ennuis de l'obscurité forcée dans laquelle il se trouvait, le comte se prit à songer à ce livre auquel miss Sarah avait fait allusion dans sa lettre, — *la Fille aux yeux d'or.*

Il se souvint que le héros de Balzac, Henri de Marsay, montant en voiture au coin du boulevard des Italiens et ayant pareillement les yeux fermés, s'avisa de compter les mouvements de rotation à droite ou à gauche de la voiture, de façon à deviner le chemin qu'on lui faisait prendre, — et il essaya, lui le comte de Morangis d'en faire autant.

Mais soit que l'illustre romancier eût avancé une chose fort difficile, sinon impossible à exécuter, soit que M. de Marsay fût beaucoup plus intelligent que lui dans ce genre d'exercice, — le comte, pour sa part, fut obligé d'y renoncer.

Au bout de dix minutes, il eut tout à fait perdu conscience de la direction qu'on lui faisait prendre. Longeait-il le boulevard, remontait-il les Champs-Elysées ?

Il n'en savait absolument rien.

Seulement, le coupé semblait aller un train d'enfer, et parfois il quittait le macadam pour rouler sur le pavé.

Une demi-heure s'écoula.

Le comte perdait patience.

— Allons-nous loin ? demanda-t-il enfin à son compagnon.

— Dans dix minutes nous serons arrivés, monsieur.

Le comte se résigna et rentra dans son majestueux silence.

Dix minutes après, en effet, le coupé s'arrêta un moment, puis roula sur un sol plus sonore.

On eût dit qu'il passait sous une voute.

Puis il s'arrêta de nouveau.

— Nous voici arrivés, dit l'homme à la

longue barbe; mais n'ôtez point votre bonnet, monsieur...

— Ah pas encore?...

— Gardez-vous en bien! je vous tuerais, monsieur...

Comme M. de Morangis n'y voyait pas du tout, l'homme barbu lui donna la main pour descendre du coupé.

— Appuyez-vous sur moi, lui dit-il, et marchez avec assurance : il n'y a devant vous aucun obstacle.

— Pas même une *oubliette*? ricana le

comte, dont le naturel railleur reprit le dessus.

— Monsieur, répondit gravement l'homme barbu, nous ne sommes point des assassins, nous ne tuons que par suite d'une nécessité absolue.

— C'est rassurant!... murmura M. de Morangis.

Et il suivit son conducteur.

D'abord il sentit qu'il cheminait en plein air sur le sable fin d'une allée de jardin, puis, au bout d'une centaine de pas, son guide lui dit :

— Levez le pied, monsieur, vous avez une marche à monter.

Et, en effet, les dalles d'un vestibule résonnèrent sous ses pas, en même temps qu'une atmosphère plus tiède l'environnait.

L'homme barbu lui fit faire quelques pas encore, puis il ouvrit une porte et le poussa devant lui.

Aux dalles du vestibule, succéda le

moëlleux d'un épais tapis, et l'atmosphère devint plus chaude.

Alors son conducteur le fit asseoir et dit :

— Quand vous entendrez le bruit d'une porte qui se ferme, vous ôterez votre bonnez et vous attendrez...

Il s'éloigna; une seconde s'écoula ; la porte ouverte se referma en rendant un bruit léger.

Alors le comte ôta son bonnet et demeura un moment ébloui.

Il passait d'une obscurité profonde à une vive lumière, et, pendant quelques secondes, il en fut tellement incommodé, qu'il remit la main sur ses yeux.

Mais enfin, lorsqu'il se fut un peu accoutumé à la clarté, il regarda autour de lui et put examiner à loisir le lieu où il se trouvait.

Le comte était seul.

Seul au milieu d'un joli boudoir aussi luxueusement, aussi coquettement éclairé que peut l'être celui d'une jeune et jolie femme qui a des goûts artistiques et une fortune qui lui permet de les satisfaire.

Des riens charmants reposaient sur des étagères, un bahut merveilleux de sculptures et d'incrustations renfermait des porcelaines de Sèvres, de Saxe et du Japon pour une somme fabuleuse.

Les murs étaient couverts de petits tableaux signés Hobbema, Téniers ou Paul Potter.

Un groupe de Pradier remplaçait la

pendule, et du plafond descendait une de ces lampes merveilleuses que les ouvriers de Bohême sculptent dans un bloc de leur cristal rouge, jaune ou bleu.

Le comte foulait sous ses pieds un tapis de Smyrne, et il était assis dans un grand fauteuil des Gobelins.

La fée de ce logis ne tarda point à paraître.

Une porte s'ouvrit et miss Sarah entra.

La jeune fille était éblouissante de beauté.

Sa luxuriante chevelure noire, dénouée à demi, flottait sur ses épaules, ses grands yeux bleus semblaient briller d'un éclat inaccoutumé.

Le comte fut ébloui.

Elle vint à lui un sourire aux lèvres et lui tendit une main petite, effilée, et dont les doigts avaient la transparence de la cire.

Le comte prit cette main et la porta à ses lèvres.

— Ah! mon Dieu! lui dit-elle, on n'avait rien exagéré, mon cher comte : vous voilà jaune comme un fils du Népaul ou du royaume de Lahore.

M. de Morangis avait pris la main qu'elle lui tendait et la portait amoureusement à ses lèvres.

— Vous êtes belle à damner un saint, miss, lui dit-il.

— Chut! répondit-elle, vous savez

bien que je n'aime pas les compliments.

Elle s'assit en face du comte, se pelotonna gracieusement dans une chauffeuse et continua :

— Convenez que j'ai employé, pour vous voir un moyen un peu romanesque.

— En effet... murmura le comte, un peu déconcerté de la tournure railleuse que prenait l'entretien.

— Vous n'avez pas craint pour vos jours?

— Mais non, miss.

— Vous avez eu tort, comte.

Miss Sarah prononça ces mots avec une gravité qui étonna fort M. de Morangis.

La jeune Anglaise reprit :

— Que pensez-vous de l'homme qui vous a conduit ici ?

— Mais il a une grande barbe... Voilà mon impression générale.

— C'est un homme qui m'est dévoué jusqu'à la mort...

— Ah !

— Par l'excellente raison que je pourrais d'un seul mot faire tomber sa tête.

— Comment cela ?

— C'est une histoire un peu longue; Je vous la dirai plus tard. Maintenant, causons de vous.

— Je suis prêt à tomber à vos pieds,

miss, dit galamment le comte, qui, en effet, fléchit un genou.

Mais miss Sarah se leva et fit un pas vers la cheminée.

— Mon cher comte, poursuivit-elle, je vous disais que cet homme m'était dévoué...

— Oui, miss.

— Et que, sur un signe de moi, il vous tuerait...

Miss Sarah prononçait ces derniers mots si froidement et avec un accent si convaincu, que M. de Morangis éprouva un léger frisson.

Il y avait sur la tablette de la cheminée un joli poignard à lame tordue, à gaine de chagrin et à manche de nacre incrusté d'argent.

Miss Sarah le prit avec négligence et regarda de nouveau le comte, ajoutant :

— Vous avez peut-être eu tort, mon cher comte, d'accepter mon rendez-vous.

CHAPITRE SIXIÈME.

VI

Il nous faut l'avouer humblement, tout coureur d'aventures qu'il était, le comte de Morangis avait le tort de sortir sans armes.

Il n'avait pas même un canif sur lui.

Or, miss Sarah jouait avec un poignard et, de plus, elle avait à sa disposition un homme sur lequel, disait-elle, elle avait droit de vie et de mort.

Ces deux circonstances firent un peu réfléchir le comte, qui se demanda si, par hasard, il n'aurait pas quelque tort sérieux vis à vis de miss Sarah.

Cependant il fit bonne contenance et

ses lèvres s'arquèrent en un calme sourire :

— Ma foi ! miss, dit-il, ce serait presque une volupté que mourir assassiné par vous.

Miss Sarah répondit par le plus enivrant des sourires, et ajouta :

— Vraiment ! mon cher comte, voilà un mot qui vous peint tout entier; c'est d'une galanterie...

— Vous êtes trop bonne, miss.

— Mais, rassurez-vous...

— En vérité! dit à son tour le comte, vous ne daignerez pas m'assassiner?

— Fi!

Et miss Sarah montra sa main blanche et fluette.

— Tenez, dit-elle, convenez que ce serait épouvantable, du sang là-dessus.

— Mais.., ce poignard?...

— Ah! dit l'Anglaise, si j'étais forcée d'en venir là, je sonnerais l'homme qui vous a amené ici.

— Ah!

— Et je lui remettrais ce joli jouet que voilà.

— Pour m'assassiner?

— Ah! comte, fit dédaigneusement miss Sarah, vous avez des mots d'une crudité!...

— Cependant...

— On vous tuerait, mais on ne vous assassinerait pas...

— C'est absolument la même chose.

— Pardon : assassiner est un crime, tuer est un châtiment.

— Mais, dit le comte, qui fronçait légèrement le sourcil, un châtiment s'applique à un criminel, et je ne sache pas...

Miss Sarah fixa sur M. de Morangis un regard calme et limpide qui le fit tressaillir.

— Vrai, dit-elle, vous n'avez commis aucun crime?...

— Voyons! convenez que la mort du baron de Nesles...

— Je me suis battu loyalement.

— Soit, mais vous aviez calomnié sa femme...

— Miss!...

Son charmant sourire lui revint aux lèvres.

— Ne m'en veuillez pas, fit-elle; ce que j'en dis est à la seule fin de vous prouver que je suis fort au courant de votre histoire.

Le comte fit une légère grimace.

— Mon cher comte, poursuivit miss Sarah, vous avez tué ce matin votre meilleur ami, M. Gustave Chaumont.

— Comment! vous savez?...

— Et blessé grièvement M. de Mas.

— Mais, en vérité, miss...

— Vous me trouvez bien informée?

— Certes, oui.

— J'ai une police...

— Quelle plaisanterie !

— Rien n'est plus vrai... une police originale, je vous assure.

— Bah !

— Jugez-en. Vous savez que, comme vous, je passe pour n'avoir pas de cœur...

— Quelle calomnie !

— Attendez... Or, cependant, il y a à Paris et à Londres, à Nice et à Wiesbaden, un peu partout, en un mot, des hommes qui m'ont éperdûment aimée.

et qui tous ont songé au suicide, ni plus ni moins que ce pauvre O'Neal.

— Est-ce que ce sont ces hommes-là qui composent votre police, miss?

— Depuis quinze jours, comte.

Cette fois, M. de Morangis regarda miss Sarah d'une façon étrange.

— Ne serais-je point en présence d'une folle? se demanda-t-il.

Miss Sarah devina sa pensée.

— Non, dit-elle, je ne suis point folle, rassurez-vous, comte, Seulement je suis Anglaise, partant excentrique... et pourtant je n'ai point le spleen.

— Ainsi, miss, vous avez une police?

— Depuis quinze jours : j'ai réuni tous mes adorateurs malheureux, je les présentés les uns aux autres...

— Singulière idée!

— Et ils ont fondé une association qui a pris le nom de *Club des Désespérés*.

— Un drôle de nom. Mais ce club a des statuts?...

— Un seul et unique article : *obéir à miss Sarah.*

— Bon ! mais il a un but?...

— Oui.

— Et... ce but?...

— Vous le connaîtrez tout à l'heure. Voulez-vous m'écouter?

— Oui, miss.

Miss Sarah prit une pose pleine d'abandon.

— Vous souvient-il de notre première entrevue, dit-elle, vous savez, avant que ce brutal M. de Mas vint se ruer sur vous, lui et ses hommes?

— Oh! certainement, je m'en souviens, miss, répondit le comte avec un accent ému.

Il essaya de prendre la main de l'Anglaise pour la porter à ses lèvres; mais elle lui montra son poignard.

— Ah! soyez sage! dit-elle.

Le caractère de la femme passe souvent tout entier dans le regard. Le comte tressaillit une seconde fois et se dit :

— Elle me tuerait en souriant...

L'Anglaise reprit :

— Au moment où M. de Mas nous fit cette visite si peu courtoise, vous m'avanciez une énormité, comte.

— Laquelle, miss ?

— Vous me parliez d'un serment que vous vous étiez fait, mon cher comte.

— Un... serment ?...

— L'auriez-vous oublié ?

— Non certes. Je m'étais juré que vous m'aimeriez...

— Et vous vous étiez fait cette promesse sérieusement?

— Dame!

— Vous avez de l'aplomb, dit miss Sarah.

Le comte s'inclina.

— Eh bien! reprit-elle, c'est pourtant à cause de ce malheureux serment que j'ai fondé le *Club des Désespérés*.

— Vraiment?

Miss Sarah se leva et alla replacer le poignard sur la tablette de la cheminée; et, tout à coup, sa voix parut s'altérer, son œil devint humide.

— J'ai eu peur, murmura-t-elle.

M. de Morangis eut un cri de triomphe et tomba aux pieds de l'Anglaise.

Cette fois, elle ne lui retira point sa main sur laquelle il imprima ses lèvres, et, pendant quelques secondes, elle garda un silence pénible et sembla écouter les battements de son cœur.

— Mais, dit-elle tout à coup, ceci est de la folie, comte, relevez-vous!...

Elle dégagea sa main et, d'un geste plein d'autorité, elle le força à se rasseoir.

Le comte obéit.

Miss Sarah retrouva son calme et son sourire :

— Je viens de laisser échapper mon secret, dit-elle, mais vous allez voir que cette confidence n'est point sans péril.

— Ah! dit le comte, qui parlait à

merveille le langage de la passion, je vous aime, miss.

— Vrai? vous m'aimez?

— A en mourir.

— Depuis quand?

— Depuis ce jour-là... depuis cette heure où, au lieu de me punir de mon incroyable audace, vous me sauvâtes généreusement la vie.

— Ainsi vous m'aimez!...

— Je vous le jure.

— Aimiez-vous madame de Nesles?

Cette question déconcerta quelque peu le comte.

— Ah! dit-il, laissons le passé dans l'ombre, miss.

— Au contraire, parlons-en...

— Pourquoi?

— Parce que les leçons du passé sont des exemples pour l'avenir...

Le comte se mordit les lèvres.

— Ainsi, poursuivit miss Sarah, vous aimiez, je veux le croire, madame de

Nesles, ce qui ne vous empêchait point de vous vanter...

— Ah ! miss...

— Comme un courtaud de boutique...

— Vous êtes cruelle !...

— Vous aimiez mademoiselle de Pierrefeu, aujourd'hui votre femme... et cependant...

— Miss, murmura le comte, je vous jure que je serai muet comme la tombe.

— Prenez garde !

— Je vous le jure, répéta-t-il.

L'Anglaise le regarda comme elle l'avait regardé une première fois, avec cet œil calme et limpide qui pénétrait au fond de l'âme.

— Savez-vous, dit-elle, quel est le but du *club des Désesperés*.

Le comte la regarda.

— J'ai réuni tous ces hommes qui m'aimaient et je leur ai dit : Mon cœur ne bat pour aucun de vous, mon cœur ne m'appartient plus. J'aime un homme dont l'amour est fatal; je l'aime ou je le hais, ce qui est presque la même chose. Cet homme est cruel, il est vantard, il assassine les maris des femmes qu'il a compromises... il séduit les jeunes filles et ne veut pas les épouser.... et pourtant, j'aime cet homme et je veux me guérir de cet indigne amour.

— Savez-vous, miss, interrompit le comte avec une certaine aigreur, que vous ne faisiez pas précisément mon panégyrique.

— Non, c'était une biographie.

M. de Morangis pâlit légèrement; mais il se tut.

Miss Sarah continua :

— Je leur dis encore : Je veux que vous suiviez pas à pas cet homme, que vous me rapportiez ses actions et ses paroles, je veux savoir heure par heure ce qu'il fait, dit et pense...

— C'était beaucoup, miss.

— Oui, mais ceux qui aiment bien peuvent beaucoup.

— C'est vrai.

— Et ces hommes feront pour moi des prodiges.

— C'est parfait, dit le comte, seulement permettez-moi de vous faire une observation.

— J'écoute.

— Vous leur avez donné là une besogne qui ne doit pas les charmer.

— Non, certes.

— Et ils doivent bien penser qu'ils servent votre amour sans espoir de récompense.

— Ah ! pardon..

— Eh bien ! quel profit retireront-ils de l'accomplissement de cette mission... délicate ?

— Ecoutez-bien..

Et miss Sarah trouva son plus charmant sourire et sa pose la plus élégante.

— Le jour où mon amour pour vous se sera changé en haine, chacun des désespérés écrira son nom sur un bulletin.

— Bien.

— Ce bulletin sera jeté dans une urne et ils tireront au sort.

— Quel sera le lot du gagnant?

— Le gagnant, dit froidement miss Sarah, vous tuera...

— Singulière récompense!

— Et je l'épouserai.

— Ah! c'est différent.

— Commencez-vous à comprendre?

— Tout à fait. Seulement...

Le comte hésita.

— Achevez, dit l'Anglaise.

— Seulement je vous aime et je tâcherai de mériter votre amour.

— Vraiment?

— Si bien que les *Désespérés* justifieront leur nom et ne tireront jamais au sort.

— Je le souhaite, dit miss Sarah.

Le comte se remit à genoux et voulut protester de la sincérité de son amour.

— Tenez, dit l'Anglaise, laissez-moi vous laisser libre de choisir. Vous ne savez point à quoi vous allez vous engager... en m'aimant.

— J'accepte d'avance toutes les conditions.

— Pour tout le monde, j'ai déjà quitté Paris, et je puis m'embarquer demain matin. Laissez-moi partir, cela vaut mieux pour vous.

— Plutôt mourir...

— Réfléchissez encore...

— Non, je vous aime...

— Eh bien! dit miss Sarah, je ne

veux point être aimée par le comte de Morangis, que tant de femmes ont aimé.

— Que dites-vous?

— Je suis jalouse! et je veux un amour vierge...

— Mais...

— Je veux être aimée par sir George Trenck. Comprenez-vous?

— Pas précisément,

— C'est-à-dire que vous conserverez votre peau jaune et que le comte de Morangis n'existera plus.

— Oh! oh! fit le comte.

— Vous voyez bien, dit miss Sarah, que la condition est trop dure... Je savais bien que vous ne l'accepteriez pas.

— Eh bien! c'est ce qui vous trompe.

— Comment?

— J'accepte.

— Ah! dit miss Sarah avec un soupir de soulagement.

— Je demeurerai sir George Trenck.

— Longtemps?

— Mais toujours, si vous le voulez...

Le comte pensait :

— Quand j'aurai triomphé de l'Anglaise, ce qui est en bonne voie, il me semble, le docteur me guérira.

Puis il dit encore tout haut :

— Et tenez, miss, convenez que je vous fais un sacrifice.

— Lequel?

— Celui de ma vengeance.

— C'est vrai, dit-elle. Mais ne vous alarmez point trop vite; quand je serai sûre de votre amour, peut-être vous permettrai-je de blanchir.

— J'accepte l'épreuve avec joie.

— Et maintenant, dit miss Sarah, laissez-moi vous dire encore que jamais vous ne saurez en quel lieu vous êtes...

— Que m'importe !

— Je vous recevrai ici chaque soir.

M. de Morangis porta de nouveau la main de miss Sarah à ses lèvres et la baisa avec transport.

— Vous y viendrez les yeux bandés, et vous vous en retournerez de même.

— Soit.

Miss Sarah regarda la pendule.

La pendule marquait minuit.

— Déjà! fit-elle.

Et s'approchant de la cheminée, elle saisit un gland de soie qui pendait au long de la glace et sonna.

Une porte s'ouvrit, et l'homme barbu reparut.

CHAPITRE SEPTIEME.

VII

M. de Morangis tressaillit en voyant entrer ce personnage, et il leva sur la jeune Anglaise un regard plein de reproche.

Miss Sarah se reprit à sourire.

— Voilà bien les hommes! dit-elle, on leur accorde une heure de tête à tête, et ils ne sont pas contents...

L'homme barbu se tenait à distance respectueuse.

Miss Sarah le regarda et dit au comte :

— Ne vous ai-je point avoué que je pouvais faire tomber la tête de cet homme?

— En effet.

L'homme barbu demeura impassible.

— Et, dit le comte, qui aurait bien voulu prolonger son séjour dans le boudoir de miss Sarah, vous m'avez même promis de me raconter cette histoire.

— Il vous la racontera lui-même.

— Quand?

— En vous reconduisant... Adieu!...

Elle lui tendit sa jolie main, fit un pas vers la porte, puis revint.

— Je suis une étourdie, lui dit-elle...

j'oubliais une dernière recommandation...

— Parlez... je suis votre esclave.

— Soit... mais soyez muet comme ceux du Grand Seigneur.

— Je le serai.

— Je dois vous dire que le *Club des Désespérés* a des instructions relativement à votre intempérance de langage.

— Et ces instructions...?

— Sont fort simples... Si un membre

du club vous entend dire que vous avez obtenu un rendez-vous de miss Sarah, vous serez probablement poignardé dans la soirée.

— Diable! murmura le comte, légèrement ému.

— Demandez plutôt à Fidelio, qui fait partie du club.

Elle désignait l'homme barbu.

— Ah! dit le comte, se tournant vers lui avec quelque surprise, monsieur... en est?

— Oui.

— Il vous... aime...?

— Passionnément.

— C est... drôle... je prenais monsieur...

Le comte hésita.

— Vous me preniez pour un domestique, avouez-le franchement, dit l'homme barbu.

Et il porta la main à son menton, et sa barbe tomba.

Alors M. de Morangis vit un fort beau

garçon de vingt-sept à vingt-huit ans, au visage mâle et caractérisé, aux yeux noirs et au teint légèrement bistré, ce qui était un indice d'origine méridionale.

— Ah! c'est différent, dit le comte, on voit que Monsieur est un homme comme il faut.

Fidelio salua.

— Adieu!... répéta miss Sarah... à demain!

Et avant que le comte eût pu répondre, elle souleva une draperie et disparut.

— Monsieur le comte, dit alors le jeune homme que miss Sarah avait nommé Fidelio, il est inutile, n'est-ce pas, que je remette ma barbe?

— Certainement, répondit M. de Morangis. Dans dix ans, je vous reconnaîtrais..., monsieur... Fidelio...

— Ce nom vous déplairait-il?

— Nullement. Cependant... peut-être

avez-vous un titre? demanda le comte, toujours railleur.

— Je suis marquis, répondit Fidelio simplement.

— Et... Italien?

— De Venise, monsieur.

— La noblesse vénitienne est fort belle, monsieur.

— Je suis inscrit au Livre d'Or.

— Je vous en fais bien mon compliment.

Tout en parlant ainsi, le marquis

Fidelio tenait le fameux bonnet de laine grise.

— Je suis à vos ordres! monsieur le comte, dit-il.

— Ah! c'est juste, il faut que je parte.

— Sur-le-champ.

— Cependant vous avez une histoire à me raconter... en voiture?

— Oui.

— Ne pourriez-vous me la conter ici? Le feu est bon, l'atmosphère est tiède et tout imprégné du parfum que répand autour d'elle la femme que nous aimons..

— C'est impossible, monsieur le comte.

— Pourquoi?

— Parce que c'est l'heure où le *Club des Désespérés* se réunit.

— Ici?

— Oui, monsieur.

— Quel en est le président?

— Miss Sarah.

Et Fidelio fit un pas vers le comte, le fameux bonnet à la main.

En même temps il prit sur la cheminée le poignard de miss Sarah.

Le comte se résigna et tendit la tête.

— Le marquis Fidelio enfonça le bonnet; puis, le prenant par la main :

— Il est inutile, n'est-ce pas, lui dit-il, de vous répéter que vous seriez poignardé si vous tentiez d'y voir?

— Je vous engage ma parole, répondit le comte.

Fidelio fit sortir le comte du boudoir.

Le comte reconnut tour à tour, au contact de ses pieds, les dalles du vestibule, l'allée sablée qu'il avait déjà parcourue, et il entendit piaffer les chevaux du coupé. Fidelio ouvrit la portière.

— Montez! dit-il.

Le comte prit le côté droit, le marquis Fidelio s'assit auprès de lui, et le coupé partit.

Le comte entendit de nouveau la voiture rouler sous une voûte, puis sur le pavé.

— Eh bien! marquis, dit-il alors. j'attends votre histoire.

— Je suis à vos ordres, répondit le marquis; seulement, je vous ferai observer que je vais me servir d'un nom d'emprunt, et que toutes les personnes dont je parlerai subiront la même métamorphose; il y va de ma tête.

— Très bien! j'écoute.

Le marquis Fidelio alluma un cigare et commença :

— Je vous l'ai dit : je suis noble vénitien, non point ruiné et réduit à la condition de gondolier ou de comédien forain, mais riche de cent mille livres de rente environ, ce qui est une grande fortune en Italie.

— Et même ailleurs... répondit M. de Morangis.

— Je n'ai pas voulu servir l'Autriche, continua le marquis, et je me suis volontairement exilé,... Cependant je vais à Venise deux fois par an pour y toucher mes revenus.

— Et on ne songe point à vous les confisquer?

— Pas encore.

— Cela m'étonne, dit le comte.

— Non, fit le marquis en souriant. L'Autriche a quelques petites occupations en ce moment qui l'empêchent de s'occuper des questions de détail. Mais passons, si vous le voulez bien.

Le comte s'inclina.

— Ordinairement, reprit Fidelio, je passais l'hiver à Nice. L'hiver, à Nice, ressemble au printemps, disent les romanciers et les poètes, mais ils mentent effrontément. J'y ai vu de la neige et j'y ai grelotté comme à Paris.

— Moi aussi, dit le comte.

— Or, l'hiver dernier il y faisait très froid. Les Niçois, qui font chorus avec les poètes et les romanciers pour faire à leur climat une réputation enchanteresse, se sont bien gardés de doter leurs maisons de cheminées. Si un Français poitrinaire arrive condamné par la Faculté et qu'il ait le malheur de demander du feu, les Niçois ne manquent point de dire le lendemain de sa mort: « Il n'est pas étonnant qu'il ait succombé.... il se chauffait!... » Donc, l'hiver dernier, il faisait très froid; la Corniche était couronnée de neige, et les voyageurs descendus dans l'hôtel que j'habitais imaginèrent d'adresser une pétition en règle au maître-d'hôtel pour qu'il voulut bien construire une cheminée. Le maître-d'hôtel alla consulter la police sarde; la police émit un avis défavorable et la cheminée fut refusée. On offrit même des passeports aux récalcitrants. Chacun se résigna, à l'exception d'une jeune Anglaise.

— Miss Sarah?

— Justement.

— Elle construisit une cheminée elle-même?

— Non, mais elle installa chez elle un *brasero* et annonça à tous les habitants de l'hôtel qu'on se chaufferait chez elle matin et soir, autour d'une table à thé. Au bout de quelques jours, il régna chez miss Sarah une température fort convenable. Malheureusement le *brasero* me fut fatal.

— Comment cela ?

— Je devins amoureux de miss Sarah.

— Je m'en doutais...

— Un jeune Autrichien s'éprit d'elle pareillement. C'était un officier de hulans, fort beau garçon, baron et riche. Dès la troisième soirée passée chez miss Sarah, le baron Franz K... et moi, nous nous regardâmes de travers. Le baron était Autrichien, j'étais noble vénitien : le prétexte était suffisant pour nous couper la gorge sans compromettre la réputation de la belle miss.

— Et vous vous battîtes?

— Non. Nous nous rencontrâmes un soir et le baron me dit :

— Vous aimez miss Sarah ; en êtes-vous aimé ?

— Non, répondis-je, mais j'espère...

— Je suis dans la même situation que vous, me répondit-il.

— C'est fort bien, mais...

— Ecoutez donc, me dit-il, j'ai une idée bizarre.

— Voyons !

— Allons trouver miss Sarah chacun

de notre côté et avouons-lui notre amour.

— Bon ! après ?

— Nous verrons qui elle aimera...

— Et alors ?

— Vous connaissez les anciennes *vendettas* corses ?

— Oui, certes.

— Le Corse disait à son ennemi : « Garde-toi, je me garde... » et à partir de ce moment, tous deux se fuyaient et s'attendaient à recevoir une balle ou un coup de stylet au premier moment.

— Eh bien?

— Eh bien! à partir du moment où miss Sarah aimera l'un de nous, ce singulier duel commencera.

— J'accepte, répondis-je.

Le soir même, je fis ma déclaration à miss Sarah.

Miss Sarah m'écouta gravement, puis elle me répondit :

— Je n'ai jamais aimé, je ne veux pas aimer, je n'aimerai jamais.

Une heure après, elle fit la même réponse au baron Franz.

Seulement je me persuadai qu'elle aimait ce dernier, et je devins horriblement jaloux.

Le baron était trop fat, lui, pour s'imaginer qu'on lui pouvait préférer qui que ce fût au monde, et il demeura convaincu que si miss Sarah ne l'aimait pas, elle m'aimerait bien moins encore. Cependant, comme il avait la ténacité germanique, il ne désespéra point et il dit à la jeune Anglaise :

— Voulez-vous me permettre d'espérer? je ferai tant et tant de folies que vous m'aimerez.

Elle lui rit au nez, mais elle ne put le convaincre de son insensibilité.

Or, un soir, le baron reçut l'ordre de quitter Nice et de rejoindre son régiment qui tenait garnison à Venise.

L'ordre était formel; il partit.

Trois jours plus tard, miss Sarah quitta Nice.

Où allait-elle ?

Ce fut un mystère pendant huit jours. Le neuvième, on apprit qu'elle était à Venise et qu'elle logeait sur la Piazetta.

— Diable ! interrompit M. de Morangis, ceci devenait grave...

— Je le crus, et, en proie à un accès de jalousie, je me persuadai que la belle Anglaise et le baron s'étaient donné rendez-vous.

Bien qu'il ne fût pas très prudent à moi de retourner dans ma belle patrie, n'écoutant que mon amour et ma haine, je courus à Venise.

Miss Sarah allait tous les soirs au théâtre.

J'étais sûr de l'y rencontrer, et dès le jour de mon arrivée, elle me vit entrer dans sa loge.

Elle me tendit la main en souriant :

— Tiens ! vous voilà ? me dit-elle.

— Je croyais, répondis-je, rencontrer le baron Franz dans votre loge.

— Vous êtes fou ! me dit-elle.

Je feignis de la croire, et, me bornant à quelques compliments, je me retirai.

Miss Sarah était ce soir-là plus belle que jamais ; elle avait une coiffure de camélias rouges qui lui seyait à ravir.

Cette coiffure me frappa.

En sortant du théâtre je me mis à la

recherche du baron Franz, qui fréquentait le café Militaire.

Le baron jouait fort tranquillement aux échecs en prenant une glace, et lorsque j'entrai dans le café, il ne se retourna point.

Mais comme il était assis devant une glace dans laquelle mon regard plongeait, et je pus voir qu'il avait une fleur rouge à la boutonnière de son dolman blanc.

C'était à ne plus douter, car cette fleur était un camélia.

Le baron Franz était aimé de miss Sarah.

Je sortis du café sans que ma présence eût été remarqué et je m'embusquai dans la rue la plus sombre du voisinage.

A une heure du matin, le baron sortit avec plusieurs officiers, leur serra la main sur le seuil de la porte et s'en alla tout seul. Je le suivis...

— Eh! mais, interrompit le comte de Morangis, elle est intéressante cette histoire, marquis... Continuez!...

Le marquis Fidelio poursuivit ainsi son récit :

— Le baron Franz prit une rue étroite et sombre, que les Vénitiens, qui ont l'amour du paradoxe, ont appelée la rue du Soleil.

Je me mis à le suivre de loin, mais sans le perdre un seul instant de vue.

La rue du Soleil aboutit au *Canale*

grande, non loin du fameux pont des Soupirs.

Là, l'officier autrichien se jeta dans une gondole qui semblait l'attendre, et je l'entendis nommer au gondolier le canal de la Justice.

C'était là qu'il se rendait.

— Plus de doute, me dis-je, le baron a rendez-vous avec miss Sarah, dans une gondole quelconque, à l'entrée des lagunes.

J'attendis que son embarcation eût

quitté la rive, et je sautai, à mon tour, dans une gondole dont le batelier était absent.

— Et vous la conduisites vous-même? demanda M. de Morangis.

— Certainement, monsieur. Tout Vénitien est gondolier.

— Et poète, ajouta le comte d'un ton railleur.

— Je le suis, en effet, monsieur, dit le marquis Fidelio. J'ai composé de fort beaux vers, qui ont été applaudis au théâtre de la Scala, à Milan.

Le comte s'inclina.

— Mais, reprit le marquis, revenons à mon récit. Je sautai donc dans une gondole et je suivis le baron Franz sur le canal, comme je l'avais suivi dans la rue du Soleil. Le baron sortit de la ville et entra dans les lagunes.

La nuit était sombre. J'avais trouvé dans ma barque un large chapeau, et je l'avais enfoncé sur mes yeux; en outre, j'avais rejeté un pan de mon manteau sur mon épaule, et, ainsi accoutré, j'étais peu reconnaissable. Je donnai donc un vigoureux coup d'aviron, et je me trouvai beaucoup plus rapproché de la gondole qu'il montait.

Cependant le baron s'était retourné plusieurs fois et semblait regarder autour de lui avec défiance.

Tout à coup la gondole s'approcha d'une jetée et le gondolier sauta à terre, laissant seul le baron, qui continua à manœuvrer l'embarcation.

A l'extrémité de la même jetée on voyait une jolie maison de construction récente, et qui, ordinairement, était louée à des étrangers.

Ce fut vers cette maison que l'Autrichien dirigea sa gondole.

La maison était silencieuse. Cependant on voyait de la lumière à travers les stores du rez-de-chaussée. Le baron était sans doute attendu, car à peine la gondole eut-elle touché le quai, qu'une fenêtre s'ouvrit...

Une tête, qu'un flot de lumière inonda, se pencha, rapide, au dehors, regarda et disparut...

Puis la croisée se referma ; mais, si vite que tout cela s'était accompli, j'avais eu le temps de voir.

La femme qui venait de se montrer, l'espace d'une seconde, c'était miss Sarah.

Le baron sauta, à son tour, sur la jetée, et la porte de la maison s'ouvrit et se referma sur lui.

J'étais livré à toutes les tortures de la haine et de la jalousie. Un nuage de sang passa sur mes yeux, mon cœur se prit à battre avec violence...

— Allons! me dis-je, le duel corse proposé par le baron Franz est commencé, mais c'est moi qui le tuerai...

Armé d'un poignard, caché dans un angle obscur auprès de la maison, j'eus l'atroce courage d'attendre que mon rival prétendu sortît.

Près de deux heures s'écoulèrent ; seulement, par intervalle, à travers les vitres des croisées, le rire franc et moqueur de miss Sarah m'arrivait.

Enfin la porte se rouvrit.

— Adieu... au revoir, miss !... murmura Franz en sortant.

— Au revoir, baron, répondit la voix enchanteresse de l'Anglaise, et la porte se referma.

Le baron fit deux pas dans la rue et, soudain, m'élançant sur lui, je le frappai de deux coups de poignard en lui disant :

— Vous l'avez voulu, baron, et vous vous êtes mal gardé!...

Franz poussa un cri terrible et tomba mort.

A ce cri, une fenêtre s'ouvrit, puis la porte ; une femme accourut et d'un coup d'œil devina tout.

C'était miss Sarah !

Elle me reconnut, s'élança vers moi, me saisit le bras et s'écria :

— Vous êtes un assassin !...

— Non, miss, répondis-je, je ne suis point un assassin : c'était un duel à la façon corse, convenu entre nous. Le baron s'est mal gardé. Il aurait dû prendre plus de précautions, du moment où vous l'avez aimé...

Miss Sarah jeta un nouveau cri et, me regardant avec un dédain suprême :

— Vous êtes un assassin, répéta-t-elle, car je n'aimais point le baron. Alors elle m'entraîna dans sa maison et me montra un billet que Franz lui avait écrit le matin même.

Ce billet était ainsi conçu :

« Miss,

» Mon régiment est rappelé en Hongrie. Je vais partir vous aimant plus que jamais et plus que jamais désespéré. Me refuserez-vous une dernière entrevue, et n'acceptez-vous point ces camélias que j'ai fait venir de France avec l'espoir de vous les offrir ?

» Baron Franz K... »

A cette lettre, miss Sarah avait répondu :

« Je ne vous aime point, je ne puis point vous aimer, mais je vous tiens pour un galant homme et suis très-affligée de vous voir partir.

» J'accepte les camélias et je vous en envoie une tige que je vous permets de porter toute la journée à votre boutonnière.

» Je n'habite plus la Piazzetta depuis ce matin. Je me suis installée, aujourd'hui, dans une maison isolée au milieu des lagunes, et je vous y attendrai ce soir, après le théâtre, pour vous faire mes adieux et vous souhaiter bon voyage.

» C'est tout ce que je puis faire pour vous.

» A ce soir. » SARAH. »

. . . .

— Maintenant, monsieur, acheva le marquis, vous devinez le reste.

Miss Sarah pouvait me faire arrêter comme un assassin, et j'eusse été fusillé dans les vingt-quatre heures.

Elle préféra me cacher...

— C'était d'un bon cœur, dit le comte de Morangis.

— Seulement, elle exigea que j'écrivisse ces deux lignes :

« Je confesse avoir *assassiné* le baron Franz K..., officier autrichien. »

— Ah ! je comprends, maintenant.

— L'extradition est toujours accordée pour les assassins. A Nice ou à Paris, je serais arrêté, si ces deux lignes tombaient dans les mains de la police d'Autriche.

— Et le baron?

— Il était mort sur le coup.

— Mais son cadavre?

— Les gens de miss Sarah le jetèrent

à l'eau. Le lendemain il fut repêché à une lieue en mer par des bateliers et on mit sa mort sur le compte d'un gondolier jaloux de l'indépendance de notre belle patrie.

Comme le marquis Fidelio achevait ce récit, la voiture s'arrêta.

—Monsieur, dit le marquis, vous pouvez ôter votre bonnet, maintenant, 'il vous devient inutile.

— Ah!

Le comte ôta son bonnet et reconnut qu'il était à sa porte, rue Blanche.

— Adieu, monsieur, dit encore le marquis, au revoir, du moins, et à ce soir !...

— Où trouverai-je la voiture ?

— Toujours au même endroit, derrière la Madeleine.

— A dix heures ?

— Précises.

Le comte et le gentilhomme vénitien se saluèrent, et le premier rentra chez lui, jugea inutile d'éveiller le docteur, se coucha et dormit jusqu'au lendemain midi d'un profond sommeil.

. . . .
. . . .

— Eh bien! docteur, que pensez-vous de mon aventure? disait, à neuf heures du soir, M. de Morangis à son étrange Mentor.

Ils étaient à table, tous deux, dans le cabinet de la Maison-d'Or.

— Je trouve, répondit le docteur, que

miss Sarah est une femme d'imagination.

— C'est mon avis aussi.

— Et que le *Club des Désespérés* n'est point une invention banale.

— C'est fort original.

—Ainsi, vous ne savez pas où on vous a conduit?

—Je l'ignore complétement, et je voudrais bien le savoir; mais...

— Ah! fit le docteur en souriant, le

marquis Fidelio ne permet point qu'on retire le bonnet?

— Hélas ! non...

— Et son stylet est de bonne trempe, n'est-ce pas?

— Ma foi! docteur, convenez qu'il n'est pas drôle de se faire tuer pour le plaisir de regarder où l'on va.

— Et cependant vous mourez d'envie de savoir en quel lieu miss Sarah vous reçoit?

— Oh! certes, oui.

— Nous le saurons.

— Comment?

— Je m'en charge.

— Mais encore?...

Le docteur consulta sa montre.

— Il est neuf heures, dit-il; on vous attend à dix heures précises.

— Oui.

— Et, bien certainement, la voiture s'arrêtera, comme hier, près du bureau de poste?

— Sans doute.

— Très-bien ! Pendant que vous monterez dans la voiture, je déboucherai par la rue de Sèze, et je mettrai une lettre à la poste.

— Et puis ?

— Et quand la voiture partira, je la suivrai.

— Mais elle ira au trot !

— J'ai de bonnes jambes, et, en Amérique, j'ai chassé le buffle à pied, dans les pampas. Et puis, en chemin, je trouverai bien une voiture vide.

— Diable! docteur, dit M. de Morangis, prenez garde !

— A quoi ?

— Mais, vous compromettriez singulièrement mon existence, si...

— Ne craignez rien : je suis prudent.

Le docteur appela le garçon, demanda la carte à payer, et dit au comte :

— Il est temps. Nous allons nous quitter à la porte ; vous vous en irez par le boulevart, moi par les rues.

— C'est parfait. Au revoir !...

Le docteur rouge prit la rue Taitbout et la rue de Provence, puis il se dirigea vers la rue Neuve-des-Mathurins, remonta celle de la Ferme et prit enfin la rue de Sèze. Dix heures sonnaient.

Il vit une voiture stationner devant le bureau de poste, et, en même temps, le comte de Morangis qui tournait l'angle de la Madeleine.

Le comte s'approcha de la voiture, dont la portière s'ouvrit, et il monta.

Aussitôt la voiture partit.

Alors le docteur rouge retrouva son agilité de jeune homme, et il se prit à courir derrière elle.

La voiture remonta vers la rue Royale, traversa la place de la Concorde et gagna les Champs-Elysées.

La nuit était froide, pluvieuse, et l'avenue était presque déserte.

Cependant, une voiture de place la montait à vide, et le cocher paraissait sommeiller.

Le docteur, qui avait couru à perdre

haleine, sauta dans la voiture et dit au cocher :

— Deux louis de pourboire si tu suis cette voiture qui nous précède.

Le cocher fouetta son cheval, qui prit un trot rapide.

Mais tout à coup le coupé s'arrêta brusquement; les deux portières furent ouvertes en même temps, et deux hommes masqués entrant à la fois, saisirent le docteur à la gorge.

— Ah! dit l'un, tu es tombé dans le piége, bandit!

— Si tu cries, tu es mort! ajouta l'autre en lui appuyant sur la gorge la pointe d'un stylet.

CHAPITRE HUITIÈME.

VIII

Le docteur rouge fut stupéfait un moment, et ne songea même pas à pousser un cri.

Les deux hommes étaient masqués,

et leurs yeux, brillant à travers un loup de velours noir, étaient la seule chose visible de leur visage.

— Criez, dites simplement un mot, vous êtes mort! dit l'un d'eux.

Le docteur Samuel était brave, sans doute, mais il avait quelques notions de prudence vulgaire et il savait que le plus sûr moyen de se tirer sain et sauf d'un mauvais pas est de n'opposer aucune résistance à la force brutale.

Aussi se contenta-t-il de faire un signe qui voulait dire :

— Veuillez me permettre de parler.

L'un des hommes masqués lui répondit :

— Que voulez-vous? vous pouver parler, mais à voix basse.

Le docteur fit un nouveau signe.

— Cela m'est égal ! dit-il.

Et regardant les deux hommes qui venaient de s'emparer de lui :

— Que me voulez-vous ?

— Nous? rien.

— Alors?...

— On nous a commandé de nous emparer de vous...

— Ah!

— Et nous obéissons.

— Où me conduis z-vous?

— Vous le saurez plus tard.

Et l'un des deux hommes lui mit un foulard sur les yeux.

— Ne bougez pas, dit-il, on vous tuerait...

— Diable! pensa le docteur, il paraît que cela devient sérieux.

Et il se laissa bander les yeux.

Le fiacre, qui s'en allait fort tranquillement tout à l'heure au pas de sa rosse, prit une allure plus rapide, à ce point que le docteur se demanda si on ne l'avait point transporté, sans qu'il s'en aperçût, dans une voiture de maître.

Le remise ne roula pas bien longtemps. Au bout d'une demi-heure il s'arrêta.

— Monsieur, dit au docteur un des deux hommes masqués, je suis persuadé que sir George Trenck vous a fait des confidences.

— C'est possible.

— Convenez-en...

— Après? fit le docteur, toujours aveugle.

— Dans ce cas-là, reprit l'homme masqué, il a dû vous dire qu'on lui avait bandé les yeux hier soir.

— Il me l'a dit, en effet.

— Et qu'il ne savait où on l'avait conduit.

— C'est la vérité.

— J'en conclus, monsieur, que vous devez comparer votre situation à la sienne...

— Un peu.

— Par conséquent, vous ne vous étonnerez pas si on prend les plus minutieuses précautions pour que vous ne sachiez jamais ni où on vous a conduit, ni par qui vous avez été conduit.

Le docteur haussa les épaules.

— Vous ferez mieux, dit-il, de nous dire ce que vous attendez de moi, mes chers geôliers,

— On vous le dira tout à l'heure.

L'un des deux hommes ouvrit la portière du fiacre.

— Appuyez-vous sur moi, dit-il, et descendez...

Le docteur qui, par deux fois, avait senti la lame glacée d'un stylet, n'avait garde de se faire prier.

L'homme masqué lui fit faire une vingtaine de pas, lui dit ensuite : « Levez le pied, vous avez deux marches à monter, » et l'introduisit dans une salle où il le poussa sur un siége et lui enleva son bandeau.

Alors le docteur put regarder autour de lui.

Il se trouvait dans une espèce de salle basse qui ressemblait assez à l'office d'un hôtel du faubourg Saint-Honoré, un hôtel non habité, bien entendu.

Quelques chaises et une table en composaient tout le mobilier.

Les deux hommes masqués étaient toujours auprès du docteur.

Celui-ci les regarda pour la seconde fois.

— Ah ça ! dit-il avec hauteur, que me voulez-vous ?

— Nous ? rien absolument, répondit l'un d'eux ; mais tout à l'heure, vous verrez quelqu'un qui a affaire à vous.

— Vraiment ?

— Il viendra d'ici à un quart d'heure environ.

— Et... d'ici là ?...

L'homme masqué se dirigea vers la table et y prit un journal.

— D'ici là, dit-il, monsieur peut se mettre au courant de la politique.

Le docteur repoussa la feuille du soir avec dédain.

— J'attendrai, dit-il.

Et il se prit à réfléchir.

— Evidemment, se dit-il, ce pauvre

Morangis est tombé dans un piége, et j'y suis tombé après lui. M. de Mas est bien malade, mais il a des amis, et au nombre de ces amis, on pourrait bien ranger miss Sarah. Il n'y a qu'une Anglaise, lectrice assidue d'Anne Radcliffe, qui ait pu imaginer de faire enlever en 185.., des gens au milieu de Paris, à dix heures du soir. Attendons..,

Et le docteur rouge se résigna fort tranquillement.

Le quart d'heure annoncé s'écoula tout entier; la montre du docteur, qu'il s'était empressé de consulter, annonçait même vingt minutes écoulées, lorsqu'un léger bruit se fit entendre.

Le docteur tourna la tête et vit la porte s'ouvrir.

Un homme de haute taille entra et salua le docteur.

Ce dernier le regarda avec une certaine curiosité.

Le nouveau venu salua.

— Monsieur, dit-il, veuillez me permettre de vous décliner mon nom.

Le docteur salua à son tour.

— Je suis noble Vénitien, et je m'appelle le marquis Fidelio.

— J'ai entendu parler de vous, monsieur.

— Par qui?

— Par M. de Morangis.

Avant de répondre, le marquis Fidelio renvoya les deux hommes masqués. Puis il dit au docteur :

—J'aurais été bien étonné, monsieur, si M. de Morangis avait pu garder un serment.

— Plaît-il, monsieur?

— Le comte a juré, la nuit dernière, qu'il ne révélerait aucun détail de son aventure.

— Hélas! monsieur, répondit le docteur, le comte est un imprudent, car il s'est mis sans doute en un fort mauvais cas.

— Vous l'avez dit, monsieur.

— Et il m'a placé dans une situation identique.

— Cela dépendra de vous.

— Comment ?

— Monsieur, reprit le marquis, vous vous nommez le docteur Samuel, surnommé le *docteur rouge.*

— Oui, monsieur.

— Vous êtes l'ami de M. le comte de Morangis ?

— Oui, monsieur.

— A quel titre ?

Un sourire dédaigneux vint aux lèvres du docteur.

— Je pourrais refuser de répondre dit-il, mais j'aime autant vous satisfaire.

— Vous pensez sagement.

— Je suis son père, dit le docteur...

— Vous avez été aux Indes?...

— J'y ai vécu dix années.

—Vous en avez rapporté des remèdes étranges et des poisons bizarres, dit-on.

— Oui, monsieur.

— Parmi ces derniers...

Le docteur interrompit le marquis Fidelio.

— Je sais ce que vous voulez dire, monsieur, lui dit-il.

— Ah !

— Vous voulez parler du poison qui jaunit...

— Précisément.

— Et de celui qui reblanchit ceux qui ont été jaunis.

— Vous l'avez dit.

Le docteur sourit.

— A présent, dit-il, je sais pourquoi vous m'avez amené ici.

— Vraiment!

— Vous voulez obtenir de moi, soit par la persuasion, soit par la violence, la fiole de contrepoison destiné à rendre à M. de Morangis sa couleur naturelle.

— Oui, monsieur, et nous avons pris le meilleur moyen.

— Vous croyez ?

— Evidemment.

— Comment l'entendez vous?

— Vous allez choisir : ou nous remettre ces deux fioles, les seules que vous possédiez, les seules qui se trouvent aujourd'hui en Europe..

— Bon!

— Ou bien alors...

Le marquis s'arrêta...

— Est-ce que vous avez songé à m'assassiner? dit le docteur.

— Peut-être ..

Il haussa les épaules.

— Et le préfet de police ? fit-il.

Le marquis prit le docteur par la main et le conduisit à la fenêtre, qu'il ouvrit.

La fenêtre donnait sur un jardin entouré de grands murs. Un profond silence régnait et le bruit de la grande ville ne parvenait point jusque-là.

— Ne pensez-vous pas, monsieur, dit le marquis, que si on vous assassinait ici, on aurait le temps de se sauver avant que la police n'arrivât?

Le docteur éprouva un léger frisson.

Fidelio poursuivit.

— Les deux hommes que vous avez vus et moi, nous sommes étrangers, et notre passage est payé d'avance à bord d'un navire qui part dans deux jours du Havre et fait voile pour New-York. Qu'en pensez-vous?

— Mais, balbutia le docteur, je pense

que vous avez des façons très-persuasives d'obtenir ce que vous voulez.

Le marquis Fidelio se prit à rire.

— Où donc est cette fiole?

— Chez moi, rue Blanche.

— Porte-t-elle une étiquette.

— Non, mais je la reconnaîtrai à première vue.

— Malheureusement c'est impossible, vraiment.

— Pourquoi ?

— Parce que vous allez rester ici.

— Longtemps ?

— Cela dépendra.

Et le marquis Fidelio regarda fixement le docteur.

— Monsieur, lui dit-il en tendant la main, vous devez avoir sur vous une clé de votre appartement.

— Non, monsieur.

— Alors, veuillez vous asseoir là, devant cette table, et écrivez un mot à votre concierge ou bien à votre valet de chambre pour donner pleins pouvoirs au porteur.

— Mais, monsieur?...

Le marquis Fidelio frappa du pied le parquet.

A ce signal, les deux hommes masqués reparurent.

Seulement l'un d'eux avait une corde à la main.

Le marquis reprit :

— Figurez-vous, monsieur, que dans le *Club des Désespérés*, dont j'ai l'honneur d'être membre, et qui a été fondé par miss Sarah, nous avons adopté les mœurs anglaises appliquées à la peine de mort.

— Je vous en fais mon compliment, ricana le docteur.

— Nous ne poignardons point, nous étranglons !

Et comme le marquis s'exprimait ainsi, l'un des deux hommes masqués jeta au cou du docteur sa corde, qui était pourvue d'un nœud coulant.

Le docteur étouffa un cri.

— Où est ce poison? demanda le marquis.

— Dans mon cabinet, répondit le docteur.

— En quel endroit?

— Dans un placard. C'est le comte qui en a la clé.

— Bon! on l'enfoncera...

— Mais...

L'homme masqué serra la corde, le docteur cria.

— Vite! dit le marquis Fidelio, faites-nous la description des fioles?

— Elles sont jaunes.

— Et ce qu'elles contiennent?

— Jaune aussi.

— Alors, écrivez...

Le docteur avait la corde au cou : il s'exécuta de bonne grâce et l'homme masqué prit son billet.

— Allez, dit le marquis, faites enfoncer le placard, et, pour aller plus vite, prenez mon coupé.

. . . .

Une demi-heure après environ, le messager envoyé par le marquis reparut.

Il avait deux fioles à la main.

Le marquis les montra tour à tour au docteur.

— Qnelle est celle-là ? dit-il.

— C'est le poison.

— Et cette autre ?

— Le contre-poison.

— Et vous êtes bien certain que vous seul ?...

— Oh! je dois être seul en Europe à posséder ces deux substances.

— Ainsi, vous seul?...

— Moi seul peux guérir le comte de Morangis.

— Eh bien! dit froidement le marquis Fidelio, vous ne le guérirez pas, docteur.

Et il jeta violemment les deux fioles sur le parquet.

Elles se brisèrent et le contenu s'en répandit.

— M. de Morangis est plus mort que jamais ! murmura le docteur en ricanant. C'est dommage !...

. . . .

Tandis que le docteur rouge tombait dans le piége qu'on lui avait tendu, le comte de Morangis montait au grand trot l'avenue des Champs-Élysées, dans le coupé mystérieux qu'il avait trouvé derrière la Madeleine, son bonnet sur les yeux et le marquis Fidelio à ses côtés.

Deux ou trois fois il avait senti que son compagnon ouvrait la portière et se penchait en dehors ; mais il n'avait attaché à ce fait qu'une importance secondaire.

Cependant Fidelio se montrait silencieux.

— Cher marquis, lui dit deux ou trois fois le comte, à quoi rêvez-vous?

— A *elle*, avait répondu laconiquement le gentilhomme vénitien.

Et il était retombé dans son monotone silence.

Le coupé roulait bon train, mais le comte trouvait le temps long.

Il s'ennuyait...

— Marquis, reprit-il, ne se tenant point pour battu, convenez que vous devez me regarder d'un fort mauvais œil.

— Pourquoi donc?

— Mais parce que vous aimez miss Sarah.

— C'est une raison, en effet.

— Miss Sarah m'aime et ne vous aime pas...

— Vraiment, dit le marquis, vous êtes trop bon de me le rappeler, mon cher comte. Mais vous le savez, j'ai un espoir...

Le comte ricana sous son bonnet de laine.

— Combien êtes-vous du *Club des désespérés?*

— Vingt-sept.

— Nombre bizarre !

— J'en conviens, mais le hasard seul a présidé à son assemblage.

— Eh bien ! reprit le comte, vous êtes vingt-sept?

— Oui.

— Et, si je me remémore bien vos statuts, un seul de vous, désigné par le sort, doit bénéficier de l'œuvre commune.

— C'est vrai.

— Donc vous avez un vingt-septième

de chance d'être payé de vos soins et de vos peines?

— Oui, monsieur.

— Sans compter que miss Sarah peut m'aimer longtemps et même toujours.

Le bonnet de laine aveuglait le comte de Morangis, fort heureusement pour lui, car, sans cela, il eût pu voir un sourire moqueur et silencieux glisser sur les lèvres du marquis Fidelio.

Celui-ci dit brusquement:

— Monsieur, nous sommes tout près du lieu où nous allons, Si vous avez des questions à adresser, vous les ferez à miss Sarah.

— Hum! pensa le comte, il est de bien méchante humeur aujourd'hui, le seigneur Fidelio.

Il désespérait de le faire causer. Il prit le parti d'attendre patiemment que la voiture arrivât à sa destination.

Dix minutes après, en effet, le coupé s'arrêta.

Le comte avait remarqué la veille un bruit sonore qui provenait d'une voûte, selon toute probabilité.

Cette fois ce bruit ne se fit point entendre.

— Descendez, monsieur, lui dit le marquis en le prenant par la main.

Le comte mit pied à terre et fit quelques pas.

— Vous avez un escalier devant vous, ajouta le marquis.

— Tiens, pensa M. de Morangis, qui

leva le pied pour gravir l'escalier dont on lui parlait, hier, on m'a reçu au rez-de-chaussée ; il paraît qu'aujourd'hui on me fait les honneurs du premier étage.

Et il monta.

A la trentième marche, le marquis le força à s'arrêter...

La fin de cet ouvrage paraîtra incessamment sous le titre de l'*Agence matrimoniale*.

(Note de l'Éditeur).

Il ouvrit une porte et dit :

— C'est ici. Avancez!...

Le comte fit trois pas.

— Otez votre bonnet. Vous pouvez voir, monsieur le comte.

M. de Morangis s'empressa de reconquérir l'usage de sa vue, et il jeta les yeux autour de lui.

Un cri de surprise lui échappa.

Il n'était point dans le petit boudoir charmant et parfumé où il avait été reçu la veille au soir par miss Sarah.

Il se trouvait, au contraire, dans une pièce assez vaste, assez froide, assez nue et qui n'avait rien de bien opulent.

— Où suis-je donc? demanda-t-il.

— Chez miss Sarah...

— Comment! ici?

— Miss Sarah vous expliquera elle-même ce changement. Adieu, comte.

Et le marquis Fidelio fit un pas de retraite.

— Vous partez ?

— Je vous quitte.

— Au revoir, donc.

— Non, adieu.

— Nous ne nous reverrons donc pas, mon cher marquis ?

— Je ne crois pas, adieu...

Le marquis sortit.

— Le drôle, pensa M. de Morangis tout rêveur, avait l'accent plus railleur encore que de coutume.

Et il s'assit et attendit.

Miss Sarah tardait à paraître.

— Où diable suis-je donc? se répéta M. de Morangis.

Et comme il avait une croisée devant lui, il l'ouvrit.

La croisée donnait sur un jardin; — le jardin paraissait désert, la nuit était noire.

Seulement, à l'horizon, dans le ciel sombre s'allumait une vague rougeur tandis qu'un bruit sourd et immense résonnait dans le lointain.

Cette lueur rougeâtre et ce bruit accusaient le voisinage de la grande ville.

— Il paraît, pensa le comte, que je suis hors de Paris. Pourtant, hier, la voiture a longtemps roulé sur le pavé. C'est bizarre...

Un léger bruit se fit derrière lui.

Le comte se retourna vivement et aperçut miss Sarah.

Miss Sarah était souriante et calme, comme à l'ordinaire.

—Ah! dit-elle, le menaçant du doigt, je vous y prends déjà...

— Miss...

— Voici que vous violez le premier de vos serments.

— Comment cela, miss?

— Ne m'avez-vous pas promis de ne point chercher à savoir où vous étiez.

— C'est vrai, dit le comte... mais j'avais un peu chaud, j'ai ouvert la croisée.

— Et vous n'étiez pas fâché de savoir sur quelle rue elle donnait, n'est-ce pas?

— Quelle plaisanterie !

— Mais je vous pardonne...

Et miss Sarah, suivant le regard que le comte promenait autour de lui :

— Vous êtes bien étonné, dit-elle, et vous ne vous reconnaissez pas ?

— En effet.

— C'est que je ne vous reçois pas dans la même maison qu'hier.

— Pourquoi ?

— Par ce que je pars cette nuit.

— Vous partez?

— Oui, mon cher comte.

— Vous partez? répéta le comte stupéfait. Et où allez-vous?

— En Angleterre.

— Dans quel but?

— Je vais arranger quelques affaires d'intérêt.

— Mais c'est impossible.

— Pourquoi?

Le comte lui baisa la main.

— Parce que je vous aime, dit-il avec une galanterie parfaite.

— Ah! charmant!...

— Et que me séparer de vous, c'est pour moi la mort...

— Je ne veux pas que vous mouriez, mon cher comte.

— Alors ne partez pas...

— Au contraire, venez avec moi...

— Ah! s'écria M. de Morangis qui feignit l'enthousiasme le plus vif, vous êtes un ange, miss...

La belle Anglaise se laissa baiser la main de nouveau.

— Nous sommes ici, dit-elle, chez un de mes malheureux adorateurs à qui j'ai donné une mission et qui est absent pour quelques jours. Venez avec moi par ici, je vais vous offrir une tasse de thé...

Elle ouvrit la porte et poussa le comte devant elle.

M. de Morangis pénétra dans un petit salon fort simplement meublé, mais dans lequel flambait un bon feu.

Devant le feu une table à thé était toute dressée.

Miss Sarah indiqua un fauteuil au comte et s'assit en face de lui.

— Je suis un peu comme Rossini, dit-elle en lui versant du thé, j'ai horreur des chemins de fer et je voyage en chaise de poste le plus possible.

— Ah! fit le comte.

— Ma chaise sera attelée et à la porte

à minuit, avec ma femme de chambre.

Elle regarda la pendule.

— Il n'est que dix heures, dit-elle. On a le temps d'aller à Paris. Avez-vous besoin de quelque chose pour le voyage?

— Mais j'aimerais assez un bon paletot, dit le comte, et un rouleau de louis. J'irai chercher tout cela.

— Non, je vais envoyer chez vous.

— Ah! c'est que j'aurais voulu voir mon ami le docteur Samuel.

Miss Sarah secoua la tête en souriant.

— C'est impossible, dit-elle, vous êtes mon prisonnier...

— Et je me résigne de grand cœur, répondit le comte, qui se disait à part lui :

« J'écrirai au docteur, du Havre, avant de m'embarquer. L'aventure commence à avoir du piquant. »

. . . .

Miss Sarah fut charmante, ce soir-là, elle écouta les déclarations les plus brûlantes du comte et se laissa baiser les mains avec une complaisance parfaite, non sans avoir versé plusieurs tasses de thé à son convive, en ayant soin de le mélanger d'un excellent rhum des îles.

Une heure s'écoula, puis miss Sarah se leva.

— Vous allez bien me donner quelques minutes, lui dit-elle. Tenez, voici un volume de Byron; là, sur ce bahut, voilà une boîte d'excellents cigares. Je vais faire ma toilette de voyage.

Elle se leva, poussa une porte devant elle et disparut.

Le comte prit un cigare et ouvrit le volume de lord Byron, qui renfermait précisément le poëme de *Don Juan*; mais à peine eut-il lu une centaine de vers qu'il porta la main à son front.

— C'est singulier, se dit-il, j'ai la tête horriblement lourde. J'ai pourtant l'habitude de me coucher tard...

Il ferma le livre et se renversa dans son fauteuil; mais ses paupières acqui-

'rent bientôt une pesanteur inaccoutumée.

— Oh! oh! se dit-il, est-ce que je vais m'endormir.

Et il essaya de se lever; mais il retomba lourdement sur son siége, et comme vaincu par une subite ivresse, il ferma les yeux...

Dix minutes après, quelque effort qu'il eût fait pour résister au sommeil, le comte de Morangis dormait profondément.

Alors la porte du salon se rouvrit, et miss Sarah, enveloppée dans une chaude pelisse de martre zibeline, reparut.

Elle s'approcha du fauteuil dans lequel le comte dormait, et elle regarda le jeune homme avec un sourire railleur.

— Niais !... murmura-t-elle.

Puis elle tira de son manchon une lettre qu'elle posa sur la tablette de la cheminée.

Cette lettre portait cette suscription

Sir George Trenck, esq.

Et, se dirigeant vers la porte, miss Sarah sortit.

. . . .

Lorsque le comte Paul de Morangis revint à lui, les bougies de la cheminée étaient éteintes depuis longtemps, un rayon de soleil entrait dans le petit salon et le jeune homme stupéfait aperçut la lettre que miss Sarah lui avait laissée.

Il ouvrit cette lettre et lut :

« Cher,

» Vous êtes battu !...

» Quand vous lirez ces lignes, vous aurez dormi douze heures, et je me serai embarquée depuis six.

» Je quitte la France et vous ne me reverrez jamais, par l'unique raison que je ne vous aime pas.

» Vous êtes condamné à demeurer sous la peau jaune de sir George Trenck à perpétuité, et la veuve de ce pauvre comte de Morangis ne sera jamais inquiétée.

» Tel est le secret de la petite comédie que j'ai jouée avec vous.

» Adieu, cher.

» MISS SARAH. »

Le comte se frotta les yeux et se demanda s'il ne faisait pas un mauvais rêve.

. . . .

M. de Morangis fut bien obligé de le reconnaître : il n'avait point rêvé.

La table placée auprès de lui supportait encore la théière et le flacon de rhum, — ainsi que le volume de lord Byron.

Auprès se trouvait la boîte à cigares.

D'abord stupéfait, le comte s'abandonna bientôt à une colère terrible :

— Ah ! murmura-t-il, je me vengerai !

Et il s'élança hors du salon dont la porte était entre-baillée.

Puis il traversa de nouveau cette vaste salle froide et nue où le marquis Fidelio lui avait permis d'ôter le bonnet de laine qui l'aveuglait.

Une fois là le comte ne savait plus où il était.

Une porte se trouvait devant lui, il l'ouvrit.

Cette porte donnait sur un escalier.

Le comte descendit vingt marches et se trouva dans un vestibule : ce vestibule conduisait au jardin.

— Je veux pourtant savoir où je suis, s'écria M. de Morangis qui était en proie à une rage concentrée.

Et il entra dans le jardin.

Le jardin était assez vaste, planté d'arbres à fruits, parcouru par deux allées de tilleuls et complétement désert.

A l'extrémité de l'une des allées, le comte aperçut une porte surmontée d'une claire-voie.

Ayant atteint cette porte il reconnut qu'elle était fermée; seulement il put jeter un regard à travers la claire-voie.

Il aperçut une sorte de boulevard pareillement désert et, au-delà, des massifs d'arbres.

— Bon! se dit M. de Morangis, je me reconnais, je suis à Passy...

Et comme quelque effort qu'il fit, il ne put parvenir à ébranler la porte du jardin, il revint vers la maison.

La maison ressemblait à toutes les villas des environs de Paris, avec cette différence unique qu'elle était silencieuse comme une demeure abandonnée.

Le comte trouva, à l'autre extrémité du vestibule, une seconde porte, qui celle-là était ouverte et donnait sur une rue,

Il allait en franchir le seuil, lorsqu'il crut entendre un gémissement ou tout au moins un cri étouffé.

— Ah! morbleu! exclama-t-il, si miss Sarah a oublié quelqu'un ici, Dieu me pardonne! il payera pour les autres!

Et le comte prêta l'oreille.

Le gémissement se fit entendre de nouveau, et, cette fois le comte acquit la conviction qu'il partait d'une salle du rez-de-chaussée dont il avait devant lui la porte à deux ventaux.

Cette porte n'était, comme toutes les autres, fermée qu'au pêne.

Le comte l'ouvrit et s'arrêta sur le seuil, aussi stupéfait qu'il l'avait été quelques minutes auparavant en lisant l'étrange lettre de miss Sarah.

Un homme garrotté et bâillonné gisait sur le seuil.

Le comte le reconnut, et c'était le docteur rouge !

Auprès de lui, sur le parquet, on voyait les débris des deux fioles brisées par le marquis Fidelio.

Le comte courut au docteur et le débarassa de ses liens et de son bâillon.

Puis ces deux hommes se regardèrent un moment silencieux et semblant se demander comment ils se retrouvaient en ce lieu.

— Vous ici! exclama enfin M. de Morangis.

— Mon cher comte, répondit le docteur, quand ils ont eu brisé les deux fioles, ils m'ont attaché en disant qu'ils prenaient cette petite précaution à la seule fin d'avoir le temps de gagner le chemin de fer.

— Mais, docteur, s'écria M. de Morangis, qui vous a attaché?

— Un homme grand, barbu...

— Fidelio?

— Oui.

— Et..., de quelles fioles parlez-vous?

— De celles qui...

Le comte devina et jeta un cri terrible:

— Ah je comprends tout maintenant, dit-il.

— Miss Sarah est plus forte que vous, mon cher comte, dit froidement le docteur.

— Ainsi, murmura le comte, dont une pensée sinistre hérissa les cheveux, ils ont brisé les deux fioles?

— Oui...

— Et vous n'avez pas d'autre remède pour me guérir !

— Non, à moins...

Le comte eut un frisson de vague espérance.

— A moins?... fit-il anxieux.

— D'aller aux Indes.

— Eh bien ! allons-y...

— C'est un voyage d'un an.

— Qu'importe! je veux redevenir le comte de Morangis.

Et comme le docteur ricanait, le jeune homme appuya tout à coup la main sur sa poitrine.

— Ah! docteur, dit-il, voilà qui est bizarre... j'ai comme un battement de cœur

— C'est impossible!... répondit le docteur avec son rire moqueur.

— Je vous dis que mon cœur bat,

répéta le comte pâlissant; et, tenez!... tenez, il me semble que j'aime miss Sarah..

A son tour, le docteur jeta un cri :

— O science! exclama-t-il, ne serais-tu donc qu'un vain nom?...

FIN DES SECRETS DE BABYLONE.

Argenteuil — Impr. Worms et Cie.

Avis aux personnes qui veulent monter un Cabinet de Lecture.

BIBLIOTHÈQUE

DES

MEILLEURS ROMANS MODERNES

1,300 vol. environ, format in-8°. — Prix : 2,000 fr.

Cette collection contient les NOUVEAUTÉS de nos auteurs les plus en vogue publiées jusqu'à ce jour par la maison, lesquelles sont accompagnées d'affiches à gravure et autres.

Les Libraires qui feront cette acquisition recevront GRATIS *cent exemplaires du Catalogue* complet et détaillé *avec une couverture imprimée à leur nom* pour être distribués à leurs abonnés.

La Maison traite de gré à gré pour un nombre moins considérable de volumes à des conditions très-avantageuses. _randes facilités de payement moyennant les renseignements d'usage. Le Catalogue se distribue gratis aux personnes _. demande par lettres affranchies.

Paris. — Imp. P.-A. BOURDIER et Cⁱᵉ, rue Mazarine, 30.

www.ingramcontent.com/pod-product-compliance
Lightning Source LLC
Chambersburg PA
CBHW060331170426
43202CB00014B/2744